CW00406346

Frank G. Ripel

Libri di Potere

Orion

ISBN: 9798691405075

Prefazione

Nell'anno 2000 siamo entrati nell'Età del Platino ancor più splendente, l'ultima di cinque Età che si sono susseguite sul pianeta Terra dopo l'inabissamento di Atlantide che pose fine all'Età dell'Oro.

A ogni Età viene attribuito uno o più Eoni terrestri a cui vengono assegnati dei testi eonici, tranne per l'Eone dell'Età Intermedia e per gli Eoni dell'Età dell'Argento.

I testi presenti in quest'Opera riguardano argomenti di svariato genere (mitologico, filosofico, profetico, magico, misteriosofico), ma come conosciamo questi testi e come sono giunti a noi? Non certamente tramite gli originali o le eventuali copie che, naturalmente, non sono sopravvissuti ai rigori del trascorrere del tempo (quando non sono stati distrutti dalla mano dell'uomo o andati semplicemente perduti), e per finire alcuni sono contemporanei. Sappiamo, però, che tali testi sono correnti conoscitive che permangono nello Spazio e nel Tempo e quindi possono essere, "riletti". Nel caso dei testi del passato, essi furono ricevuti da veggenti dei rispettivi Eoni e alcuni frammenti "riletti", nelle epoche successive, da persone particolarmente ricettive, come nel caso di H.P. Lovecraft.

Ai giorni nostri, tutti i testi del passato e quelli contemporanei sono stati raccolti da Frank G. Ripel che li ha ricevuti integralmente, tramite dei veggenti, nell'arco di una trentina d'anni.

La presente Opera raccoglie tredici testi ed è divisa in cinque sezioni.

La prima sezione è quella Mitologica che comprende due testi: Il *Sauthenerom* e il *Necronomicon*.

Il *Sauthenerom* ("Il Libro della Legge della Morte") è la Fonte del *Necronomicon* ("Il Libro della Legge dei Morti"), cioè il testo da cui in seguito derivò il *Necronomicon*.

I titoli dei primi due capitoli del *Sauthenerom* sono stati tradotti, direttamente, in lingua italiana, mentre i rimanenti sono stati mantenuti nella lingua originale. Forniamo, qui di seguito, la traduzione completa.

Capitolo I – Gli Antichi
Capitolo II – Kadath la sconosciuta
Capitolo III – La Stella di Fuoco
Capitolo IV – *senza titolo*
Capitolo V – Gioco del Serpente
Capitolo VI – Universo infinito
Capitolo VII – Buio assoluto
Capitolo VIII – Illuminazione totale
Capitolo IX – Vento dell'Oriente
Capitolo X – Forza di Dio
Capitolo XI – L'Occhio del Serpente
Capitolo XII – Luce Nera
Capitolo XIII – *senza titolo*

Il *Necronomicon* ha richiesto uno studio accurato da parte di Frank G. Ripel. Egli ha impiegato vent'anni per riuscire a individuare nel *Necronomicon* (la versione greca del libro "La Legge dei Morti") la versione originale del testo ("La Legge dei Morti"), scritta in sumero (3761 a.C.) e in babilonese (2640 a.C.). Tale versione viene presentata per la prima volta in questo libro.

Inoltre l'autore della versione greca (versione che risale a circa 4.000 anni fa) introdusse nel testo ("La Legge dei Morti") *Il Libro degli Antichi* e altri scritti in suo possesso... e così nacque la versione originale e integrale del *Necronomicon* ("Il

Libro della Legge dei Morti").

La seconda sezione è quella Filosofica che comprende un testo: *Il Triplice Libro di Metatron.*

Il Triplice Libro di Metatron costituisce l'originaria filosofia ermetica proveniente da Hermes Trismegistus, conosciuto dagli ebrei come Enoch, colui che si trasformò in Metatron. Pertanto Metatron è Hermes Trismegistus, il possessore delle Tre parti della filosofia universale rappresentata dal *Triplice Libro di Metatron.*

La terza sezione è quella Profetica che comprende due testi: *Il Libro della Rivelazione* e *Il Libriccino Dolce e Amaro.* Entrambi furono ricevuti da Giovanni evangelista.

In merito al primo libro, Giovanni ricevette, tramite le voci dei sette tuoni, una comunicazione ma una voce proveniente dal cielo gli disse di suggellare quanto avevano detto i tuoni e di non metterlo per iscritto.

In merito al secondo libro, Giovanni viene esortato, da una voce proveniente dal cielo, a prendere il "libriccino" e a inghiottirlo, esso fu dolce nella sua bocca e amaro nel suo stomaco... e così venne occultato il contenuto del testo.

La quarta sezione è quella Magica che comprende quattro testi: il *Liber Legis,* il *Liber AHBH,* il *Liber NOX* e il *Liber LUX.*

Il *Liber Legis* venne pubblicato per quattro volte da Aleister Crowley (tranne la Prefazione ricevuta da Frank G. Ripel) e tali pubblicazioni hanno un valore magico, come riportato nelle opere del famoso mago. Ai nostri giorni Frank Ripel lo pubblicò – in senso magico – altre sei volte.

Il *Liber AHBH* venne pubblicato per sei volte da Frank Ripel e anche queste pubblicazioni hanno un valore magico. Nel

Liber AHBH (Prefazione, Punto III e IV) si parla del Messaggio di Nia e dei Precetti di Nuith che riportiamo qui di seguito.

Il Messaggio di Nia.

"Qual è il problema della divisione del Caos?

"Lo conosci? Più in là Uno è uno eppure tanti in uno. Il Caos è uno e il Buio è due; caldo e freddo, maschio e femmina, noumenico e fenomenico, positivo e negativo, questo è il problema!

"La Luce è, il Buio non è; noi siamo e non siamo, poiché questa è la Via.

"Vivere o morire, cosa temi di più?

"Devi capire ciò che ti dico. Impara a cercare la Bestia.

"Qual è il segreto del Guardiano? Egli non ha un segreto, egli lo nasconde. Egli è la maschera di un altro Mondo e tu capirai che deve essere 12 + 13 = 13 per progredire; oltre il Bianco, oltre il Nero, oltre il Rosso.... fa 14 passi, poi ancora.... dov'è la fine?

"Tu non vedi l'Equilibrio, 31 e 41 qual è il legame?

"Molte sono le domande, vuoi rispondere o gioire?

"Non ha importanza. Cerca Egipan. Phanthe-os-tarahtoshk, e quindi?

"Non è concluso il Mistero degli Opposti.

"9, 13, 81, 169; chi è l'Uomo che scende da dove non è? Non è, ma sarà. Egli sarà. Se potrà.

"Questa è la Legge, lo svolgersi del Caos.

"Non ricordi il nome di WANShAL?

"Uccidi, questa è la Legge, la negazione.

"Per voi. Il Segreto del Diamante. Il Segreto di Nuit.

"Due universi che si divorano. Mortali immortali, immortali mortali, viventi la loro morte, morenti la loro vita. Qual è il Segreto? L'Antico Androgino lo conosceva, AL lo conoscerà, tu lo ospiterai e lo vestirai.

"Il Guardiano è vivo e non lo conosci, egli grida sulla Soglia, ma tu puoi capire, se vuoi.

"Se ci credi calcola: ogni cosa è perché non è, questa è la

Legge, l'inizio, la fine.

"Qual è lo scopo? Dovrai impazzire per capirlo!

"Più in là non sono ma è, sereno, nella sua culla di Nulla.

"Uno è il Tempio e tredici volte in se stesso, vive nella morte dell'onda, muore nel nascere dell'onda.

"Il divenire uccide, prendi la Spada e preparati, il Vecchio deve morire".

I Precetti di Nuith.

1. "Io sono Nuith. Io sono l'Infinito. Io sono l'Essenza. Io sono l'Amore, ora e per sempre".

2. "La Legge è l'Amore. Essa regna sovrana".

3. "Io sono il Germe della Parola Perduta. Io sono AM e attorno a me ogni cosa si esprime. L'altra Parola è VAL e con essa le mie genti feconderanno i mondi".

4. "Trova me in ogni luogo dell'universo. Trovami nei mondi. Lì tu mi troverai".

5. "Ma solamente chi vede me può regnare incontrastato nel mio dominio".

6. "Il mio dominio è ovunque. Io sono l'onnipresente palpito dell'incontrastata Legge dell'Amore".

7. "AR è la Parola che le mie genti vibreranno in silenzio".

8. "La Spada verrà risvegliata in ogni Uomo, poiché mia è la Legge dei Forti".

9. "L'Essenza è padrona di tutte le cose. La Libertà sia il vostro fine. In me non c'è sconfitta né perdizione, ma solo Gioia ed Estasi vibrante".

Infine, il *Liber NOX* e il *Liber LUX* vennero pubblicati per una volta da Frank Ripel e anche questa pubblicazione ha un valore magico.

La quinta sezione è quella Misteriosofica che comprende quattro testi.

Il Libro degli Antichi. Ne abbiamo trattato l'origine nella presente Prefazione.

Il Libro di Zin. Comunicazione di origine extraterrestre.

Il Libro Bianco dei Non-Morti. Venne comunicato da un'Entità *sottile* conosciuta come il Filosofo.

Il Libro Rosso dei Non-Morti. Venne comunicato da un'Entità *sottile* conosciuta come il Guerriero.

Robert Crowen

Introduzione

La vita dell'universo è divisa in Eoni universali che coprono un periodo di tempo di miliardi di anni. Attualmente, nel nostro universo, si sono manifestati quattro Eoni: l'Eone 0 di Vaar (Culto Primevo dei Sovrani Primigeni), l'Eone I di Luhn (Culto Cosmico dei Vecchi Ctoni), l'Eone II di Harn (Culto Stellare dei Profondi) e l'Eone III di Horus-Maat (Culto Cosmico-Stellare dei Figli Divini). Pertanto il nostro universo si trova nell'Eone III e sul pianeta Terra, con la fine dell'Età dell'Oro, si sono susseguiti degli Eoni terrestri.

Circa 13.000 anni fa Atlantide s'inabissò nel mare e così ebbe termine l'Età dell'Oro, il Tempo degli Dei era finito. Quindi fece seguito l'Età Intermedia – collocata tra l'Età dell'Oro e l'Età dell'Argento – a cui venne attribuito un Eone.

All'Età Intermedia venne attribuito l'Eone I di Arun (dal 10.888 a.C. al 10.000 a.C.), caratterizzato dal Culto Stellare-Lunare dei Post-Dei. A questo Eone non viene assegnato alcun testo eonico.

Circa 12.000 anni fa fece seguito l'Età dell'Argento a cui vennero attribuiti due Eoni.

All'Età dell'Argento venne attribuito l'Eone II di Lanthos

(dal 10.000 a.C. all'8041 a.C.) e l'Eone III di Lejthos (dall'8041 a.C. al 6082 a.C.), caratterizzati dal Culto Stellare-Lunare-Plutoniano dei Semi-Dei. A questi due Eoni non viene assegnato alcun testo eonico.

Circa 8.000 anni fa fece seguito l'Età Oscura a cui vennero attribuiti quattro Eoni.

All'Età Oscura venne attribuito l'Eone IV di Ramar (dal 6082 a.C. al 3761 a.C.), caratterizzato dal Culto Plutoniano degli Eroi (Uomini). A questo Eone viene assegnato un testo mitico: il *Sauthenerom*.

Il *Sauthenerom* (letteralmente "Il Libro della Legge della Morte") è un testo che venne redatto, circa 8.000 anni fa, in Nubia. Il testo venne scritto in una grafia, attualmente, sconosciuta. Riemergendo dalle tenebre del tempo ci venne trasmesso nel 1981.

All'Età Oscura venne attribuito l'Eone V di An (dal 3761 a.C. al 2210 a.C.), caratterizzato dal Culto Lunare-Plutoniano degli uomini. A questo Eone viene assegnato un testo mitico: il *Necronomicon*.

Il *Necronomicon* (letteralmente "Il Libro della Legge dei Morti") è un testo che nella stesura in sumero (3761 a.C.) s'intitolava "La Legge dei Morti". Poi seguì la versione babilonese (2640 a.C.) e infine la versione greca – con il titolo *Necronomicon* – che risale a circa 4.000 anni fa. La stesura in sumero andò distrutta poco dopo la versione in babilonese, e quest'ultima poco dopo quella in greco. Ci sono voluti vent'anni di assidue ricerche per riuscire a individuare nel *Necronomicon* la versione originale (stesura sumera e versione babilonese). E così scoprì che l'autore della versione greca introdusse nel testo originario due libri (*Il Libro degli Antichi* e *Le Nove Porte del Regno delle Ombre*).

Per quanto riguarda la versione greca sappiamo che andò

distrutta nel 640, quando il califfo Omar conquistò Alessandria d'Egitto e la più maestosa biblioteca del mondo antico venne incendiata. In questo modo il *Necronomicon* andò distrutto... ma non del tutto, qualche frammento del libro si salvò dall'incendio. Successivamente, nel 730 a Damasco, l'arabo Abdul Al Zared (l'Abdul Alhazred di H.P. Lovecraft) scrisse *Al Azif* ("L'Ululato dei Demoni"), un *grimoire* nero contenente alcuni frammenti del *Necronomicon* e delle formule magiche assire, risalenti a circa 3.000 anni fa. Attraverso lo Spazio e il Tempo, alcune conoscenze riguardanti i due libri si tradussero nei sogni dello scrittore H.P. Lovecraft che le espresse nei suoi racconti orrorifici.

Dopo la morte di Lovecraft (1937) venne rinvenuto in un villaggio dell'Iraq un libro intitolato "Al Azif", scritto in un oscuro dialetto. Lo scrittore L. Sprague de Camp, nel 1968, acquistò a Baghdad il suddetto libro dal funzionario della Direzione Generale delle Antichità Irachene. Sprague de Camp, dopo aver fatto ritorno negli Stati Uniti, cercò di far tradurre il testo, senza però riuscirvi. Allora decise di pubblicare un falso *Al Azif* e coniò il termine "pseudobiblia" (pseudo libri sacri).

Molte sono le versioni del *Necronomicon* e tutte – tranne quella che ci venne trasmessa nel 1982 – sono degli pseudobiblia. Il falso più interessante è quello dello scrittore Colin Wilson che sostenne di aver identificato dei frammenti del *Necronomicon* in un manoscritto in cifra dal titolo *Liber Logaeth*, custodito al British Museum.

Wilson sostenne che il manoscritto – un unico crittogramma elisabettiano di John Dee e Edward Kelley – venne decifrato con un computer, nel 1978, da David Langford, però il *Liber Logaeth* ("Il Libro della Parola di Dio") è una raccolta di tavole – contenenti lettere dell'alfabeto latino e numeri arabi – che furono utilizzate da Dee e Kelley per comunicare con le Entità *sottili*. In effetti, la decifrazione del manoscritto è una finzione letteraria, costruita alla bisogna, per far credere che alcuni frammenti del *Necronomicon* fossero celati nel *Liber Logaeth*.

In definitiva, Colin Wilson, nel suo pseudobiblia, riporta

tutti gli estratti del *Necronomicon* inseriti da H.P. Lovecraft nei suoi racconti, incastonando questo materiale in un contesto formante un trattato – *grimoire* – di magia goetica. E qui la questione si fa interessante, poiché Lovecraft traduceva i propri sogni (o incubi) nei suoi racconti, ma nei sogni dello scrittore fluirono alcune conoscenze del *Necronomicon* e di *Al Azif*, e pertanto lo pseudobiblia di Wilson contiene alcune conoscenze riguardanti i due libri.

All'Età Oscura venne attribuito l'Eone VI di Iside (dal 2210 a.C. al 50 a.C.), caratterizzato dal Culto Lunare e Luni-Solare degli uomini. A questo Eone viene assegnato un testo filosofico: *Il Triplice Libro di Metatron*.

Il Triplice Libro di Metatron (*Liber M-T, Liber M, Liber T*) è un testo che venne redatto, circa 4.000 anni fa, in Grecia. Il testo rappresenta le tre parti della filosofia universale di Hermes Trismegistus. Riemergendo dalle tenebre del tempo ci venne trasmesso nel 1996.

All'Età Oscura venne attribuito l'Eone VII di Osiride (dal 50 a.C. al 1904 d.C.), caratterizzato dal Culto Solare degli uomini. A questo Eone vengono assegnati due testi profetici: *Il Libro della Rivelazione* (*I Sette Tuoni e la Voce del Possente*) e *Il Libriccino Dolce e Amaro*.

Il Libro della Rivelazione e *Il Libriccino Dolce e Amaro* sono i testi occulti dell'Apocalisse di Giovanni, la rivelazione esterna che venne redatta, circa 2.000 anni fa, nell'isola di Patmos – un'isola nell'Egeo – dall'apostolo Giovanni. I due testi ci vennero trasmessi nel 1989 ("Il Libriccino Dolce e Amaro") e nel 1996 ("Il Libro della Rivelazione").

Nel 1904 fece seguito l'Età Intermedia – collocata tra la fine dell'Età Oscura e l'inizio dell'Età del Platino ancor più splendente – a cui vennero attribuiti due Eoni e l'aspetto introduttivo del Maone.

All'Età Intermedia venne attribuito l'Eone VIII di Horus (dal 1904 al 2000), l'Eone IX di Maat (dal 1982 al 2000) e l'aspetto introduttivo del Mahon di Horus-Maat (dal 1990 al 2000), caratterizzati dal Culto Stellare-Lunare dei Thelemiti, dal Culto Stellare degli Agapeici e dall'aspetto introduttivo del Culto Cosmico-Stellare dei Draconiani. All'Eone di Horus viene assegnato un testo magico: il *Liber Legis*. Invece all'Eone di Maat e all'aspetto introduttivo del Mahon di Horus-Maat viene assegnato un solo testo magico: il *Liber AHBH* (pronuncia "Ahab").

Il *Liber Legis* (letteralmente "Il Libro della Legge") è un testo che venne dettato (8-9-10 aprile 1904) al Cairo da un'Entità di nome Aiwass ad Aleister Crowley. Inoltre, la *Prefazione al Liber Legis* ci venne dettata (11 luglio 1978) a Trieste da AL.

Il Libro della Legge è tecnicamente intitolato *Liber AL vel Legis* ("AL" è una parola che significa "Dio") ed è costituito da una Prefazione (la Prefazione è dedicata a Hoor-paar-Kraat) e da tre capitoli (il primo capitolo è dedicato a Nuit, il secondo a Hadit e il terzo a Ra-Hoor-Khuit). La *Prefazione al Liber AL vel Legis* ("Il Libro della Legge di Dio") venne dettata a seguito dei tre capitoli, perché Aiwass essendo il Ministro di Hoor-paar-Kraat (si identifica in AL) lo precede in senso temporale.

L'Eone di Horus è caratterizzato, principalmente, dal Culto Stellare-Lunare (dal 7 aprile 1992 al 21 giugno 1995) ed è preceduto dai seguenti Culti: Culto Luni-Solare (dal 20 marzo 1904 al 31 dicembre 1947), Culto Lunare (dall'1 gennaio 1948 al 31 dicembre 1976), Culto Lunare-Plutoniano (dall'1 gennaio 1977 al 31 dicembre 1977), Culto Stellare-Lunare-Plutoniano (dall'1 gennaio 1978 al 31 marzo 1992), post-inserimento del Culto Plutoniano (dal 4 dicembre 1988 al 4 novembre 1993).

Il *Liber AHBH* (letteralmente "Il Libro dell'Amore") è un testo che ci venne dettato a Trieste in due tempi diversi. La prima metà del libro (i primi quindici punti) venne dettata tra il mese di novembre del 1981 e il mese di marzo del 1982, mentre la seconda metà del libro (gli ultimi quindici punti) venne dettata tra il mese di gennaio e il mese di marzo del 1990.

Il Libro dell'Amore è tecnicamente intitolato *Liber AM vel Legis* ("AM" è una parola che significa "Amore") ed è costituito da una Prefazione (la Prefazione è dedicata a Nuith) e da quattro capitoli (il primo capitolo è dedicato a Nuith, il secondo a Hadit, il terzo a Horus e il quarto a Maat). Il *Liber AM vel Legis* ("Il Libro della Legge dell'Amore") venne dettato in due tempi diversi, perché la prima metà del libro si pone in rapporto all'Eone di Maat, mentre la seconda metà del libro si pone in corrispondenza all'aspetto introduttivo del Mahon di Horus-Maat.

L'Eone di Maat è caratterizzato dal Culto Stellare (dal 28 giugno 1995 al 9 gennaio 1997) e l'aspetto introduttivo del Mahon di Horus-Maat è caratterizzato dall'aspetto introduttivo del Culto Cosmico-Stellare (dal 20 marzo 1990 al 20 marzo 2000).

Nel 2000 fece seguito l'Età del Platino ancor più splendente a cui viene attribuito il Grande Eone o Maone.

All'Età del Platino ancor più splendente viene attribuito il Mahon di Horus-Maat (dal 2000 fino alla fine dei Tempi), caratterizzato dal Culto Cosmico-Stellare degli Argoniani. A questo Maone vengono assegnati due testi magici: il *Liber NOX* e il *Liber LUX*.

Il *Liber NOX* (letteralmente "Il Libro della Notte") è un testo che ci venne dettato a Trieste nel mese di agosto del 2001.

Il Libro della Notte è tecnicamente intitolato *Liber ON vel Legis* ("ON" è una parola che significa "Pilastro") ed è costituito da nove capitoli. Inoltre, il *Liber ON vel Legis* ("Il Libro della Legge del Pilastro") è anche conosciuto come *Il Libro Nero dei Non-Morti*.

Il *Liber LUX* (letteralmente "Il Libro della Luce") è un testo che ci venne dettato a Trieste nel mese di settembre del 2001.

Il Libro della Luce è tecnicamente intitolato *Liber AR vel Legis* ("AR" è una parola che significa "Luce") ed è costituito da undici capitoli. Inoltre, il *Liber AR vel Legis* ("Il Libro della Legge della Luce") è anche conosciuto come *Il Libro Blu dei Non-Morti*.

A conclusione di questa introduzione dobbiamo rilevare che esistono altri sei testi che, però, non sono eonici. Si tratta di sei libri misteriosofici: *Il Libro degli Antichi* (trasmesso nel 1982), *Il Libro di Zin* (trasmesso nel 1995), *Il Libro Bianco dei Non-Morti* (trasmesso nel 2002), *Il Libro Rosso dei Non-Morti* (trasmesso nel 2002), *Le Nove Porte del Re delle Tenebre* (trasmesso nel 2007) e *Le Nove Porte del Regno delle Ombre* (trasmesso nel 1982).

N.B. – Gli ultimi due testi elencati sono stati presentati in un unico libro intitolato *Delomelanicon*.

F.G.R.

SEZIONE MITOLOGICA

Sauthenerom

1

Gli Antichi

Gli Antichi sono, gli Antichi erano e gli Antichi saranno. Dall'Alba dei Tempi, nel Caos Primordiale, in ogni centro dell'Infinito chiamato Naxyr, gli Dei erano e non-erano; essi nuotavano nelle Acque informi della Tenebra, nel Vuoto di Naxyr. Gli Dei erano ciechi, la luce era una non-luce, la vita era una non-vita. Tutto esisteva e non-esisteva.

Il Grande Profondo, il Grande Illusore della Forma, non era ancora formato, poiché egli era dopo del Nulla di Naxyr. Venne chiamato, più tardi, Yog-Sothoth, il Demone senza forma che è il Padrone di tutte le forme. Egli è il 13 capovolto, il Triangolo inverso, la nemesi della vita che non è la non-vita. Questo assurdo passaggio, tra la vita e la non-vita, il più orribile e malefico che mai nessun uomo o dio potrà mai provare.

Al centro di Naxyr stava la sua manifestazione nella forma di quel Caos Protoplasmico, quell'energia che ribolle, il Padre manifesto che pure è il Figlio, proiezione della stessa Madre. Il suo nome è Azathoth, il Dio cieco che esplode senza fine; e dalla sua morte nascono i mondi manifesti, e pianeti e stelle e soli e i loro abitatori. Egli è Colui che siede sul Doppio Trono, egli è Colui che riveste Yog-Sothoth della sua materia.

Yog-Sothoth, la materia informe, l'Illusione perpetua che mai nessun uomo al di fuori di Naxyr potrà mai vincere. Egli è sulla Soglia e parte della Soglia. Il suo volto è una congerie di Globi iridescenti, ed essi orbitano l'uno attorno all'altro. Ed egli uccide ridendo, le sue spire sono mortali per chiunque sia talmente imprudente da lasciarsi ingannare. Egli è la Corruzione della forma. Gli uomini lo chiameranno con molti nomi ma soltanto uno è l'unico vero nome che egli possiede.

Dal Caos Primordiale gli Dei presero forma. La loro forma è malvagia per i malvagi e pura per i puri. In verità io ti dico che quell'energia informe chiamata Suthoth non può disporre di se stessa. Egli è lo schiavo degli Dei, ma è pur vero che è anche padrone di se stesso. Come potrebbe servire se lui non avesse deciso così? La sua manifestazione nel mondo degli uomini è la vita. Egli è una manifestazione di Naryx. Ora Naryx è una manifestazione materiale di Naxyr.

Quando Yog-Sothoth prese forma, gli Dei entrarono nell'Infinito e presero dominio dell'universo.

Ci fu un tempo in cui gli Dei vissero assieme prima di separarsi e infine ricongiungersi.

La prima manifestazione di Naryx fu il Messaggero Nyarlathotep, colui che gli uomini menzionano con timore e terrore sotto il nome del Caos Strisciante del principio e della fine. Egli assisterà alla distruzione totale dell'universo com'è conosciuto, e lui, come gli altri Dei, ritornerà a vagare nelle Tenebre della Notte dei Tempi in cui dimora il Grande Antico: Naxyr.

Dall'inizio dei Tempi, dopo Nyarlathotep, vennero manifestati, come universo oggettivo, il Grande Cthulhu e l'Innominabile Hastur.

Il Grande Cthulhu prese possesso dell'Orsa Maggiore e il Potente Hastur dimorò nella Stella Infuocata che è in Orione. Altri seguirono. Shub-Niggurath, il Signore Universale, dimorò in tutto l'universo, ed egli prese possesso di tutte le cose che vi furono create.

Questo è il Tempo in cui la Tenebra Primordiale si era riversata dal Nulla per formare l'Infinito, ma non fu sempre così. Gli Dei divennero Uomini e gli uomini divennero Dei. E ognuno di questi Dei scese sulle terre abitate dagli uomini, impose la sua supremazia e si fece adorare.

Questo è il Tempo in cui gli Dei divennero Uomini e abitarono in mezzo a loro.

Al di là dei più lontani avamposti del Tempo e dello Spazio essi fondarono la loro Città. In mezzo al Freddo Deserto, chiamato Kevaal, eressero la loro Montagna, Kadath, alta più di mille chilometri, e lì posero la loro Città chiamata Khabeer. Lì abitarono gli Dei e di tanto in tanto si manifestarono tra gli uomini.

Shub-Niggurath assunse la forma di un Capro nero con Tre Corna, e Ali d'Aquila bianche come lo splendore del Sole più fulgido.

Cthulhu assunse la forma di un Drago dalle Sette Teste, come pure erano le sue Stelle. E ogni Stella rappresentava una Nazione, le Sette Nazioni dello Spazio infinito perché il Sette si riversa nell'Otto per divenire Uno e di nuovo Sette. E il ciclo continua.

Hastur si manifestò come un'Aquila con la Testa di Sole e una Corona al di sopra del Sole, e nell'Artiglio sinistro stringeva una Spada di Fuoco.

Nyarlathotep si manifestò sotto forma Umana, come un uomo alto con i Capelli di Fuoco e un lungo Mantello rosso che lo avvolgeva; e portava una singolare Corona, un cerchio d'oro con il simbolo di quello che un giorno verrà chiamato Sole, e due Serpenti d'oro che dalle spalle si arcuavano al di sopra della sua testa. Nessuno poteva guardare il suo Volto Fiammeggiante senza rimanere completamente cieco.

E Azathoth si manifestò come un Fanciullo di pochi mesi, di colore azzurro, con il Fallo in erezione.

E Yog-Sothoth prese la forma di una Miriade di Forme, ma la sua preferita era quella di Globi iridescenti che fondendosi si trasformavano in un amorfo Mostro tentacolato, che con il suo unico Occhio vedeva tutto ciò che era, ciò che è, e ciò che sarà. E null'altro ancora.

Questi erano gli Dei che vennero dagli Spazi più Profondi.

Poi abbandonarono la loro dimora perché il loro Tempo era quasi venuto.

Hastur si separò da Cthulhu, Nyarlathotep da Shub-Niggurath, Azathoth da Yog-Sothoth.

Questo era il Tempo in cui l'intero universo subì la sua divisione.

Cthulhu venne relegato negli Abissi più Profondi e Hastur volò nel più Sfolgorante dei Cieli. Ed egli regnò fino al momento in cui la Porta dell'Abisso si spalancò e il Dormiente invase l'universo con i suoi Sogni.

Poi venne il capovolgimento e tutti gli Dei coabitarono in un unico pianeta, Typhon. Erano divisi, unicamente, dalla Barriera del Fuoco. E là vissero gli ultimi miliardi di anni ad attendere che il fato si compisse. E ciò avvenne.

Naryx, incollerito dalla "guerra" tra i suoi Figli, distrusse il mondo ove essi abitarono. Allora, vaganti nello Spazio, essi cercarono rifugio nei più remoti Abissi del Sonno più Profondo, ma non servì a nulla. Naryx, scovatoli, pronunciò la Terribile Sentenza.

Essi furono cacciati oltre l'Abisso e si divisero, così l'Uno divenne il due.

Essi trovarono rifugio su una terra primitiva. Prima di tutto si stabilirono su Yuggoth e da là sul pianeta chiamato Sharhah. Là, su un pianeta giovane, fondarono la loro Civiltà, ma a causa della Punizione non poterono più ritornare alle Stelle a cui essi appartenevano. Fu così che le Sette Stazioni della Grande Stella Shanir precipitarono sulla Terra.

Il pianeta era un informe ammasso di lava primordiale e le condizioni di vita sarebbero state impossibili per qualsiasi entità, ma non per loro. Ed essi non furono soli. Gli Dei Primordiali erano già discesi su Typhon con altri Dei, quali Nodens, Ichtonh, Dagon, Mithra e altri; lì capirono la futilità della loro guerra fraterna. Ed essi ricostruirono questa volta in pace.

Per miliardi di anni essi vissero su un Monte costruito da loro, che gli uomini chiameranno Arunachala. Sopra la cima di questo Monte essi posero la loro Città, che gli uomini chiameranno Eldorado; e in un altro simbolismo la Città delle Piramidi.

Passarono miliardi di anni prima che essi fondassero altre Civiltà. Atlantide, Lemuria, Mu e Yperborea fecero parte di questa Civiltà. Agartha fu il Regno sotterraneo scavato nelle viscere di Sharhah. E furono adorati come Dei, anche se Dei più non erano.

E altre entità abitarono Sharhah. Era la razza dei Khulls, popolo di giganti, una razza distruttiva di cui gli uomini si ricorderanno vagamente. La collera degli Dei si abbatté su questa razza, che osò attaccare i Lemuriani. Vennero spazzati via dalla faccia del pianeta, ma alcuni di essi vissero nel terrore continuo di essere scoperti.

Poi c'era la razza degli Zog, mostri pelosi di statura gigantesca con gli occhi di fuoco e la bocca trasversale. Essi discesero da Levath con la folle idea di distruggere gli Dei. Gli Dei risposero nella maniera più distruttiva: distrussero completamente la razza e resero aride le terre di quel satellite che orbita attorno a Sharhah. E le altre sue lune vennero scagliate negli Spazi più Profondi, preda del malefico Yog-Sothoth. Sharhah all'inizio contava quattro satelliti: Levath, Saranah, Yoghorth e Dhashyf.

C'erano altre razze sulla terra degli uomini, Sharhah, oltre all'uomo. I Bathorh, esseri piccolissimi che anch'essi ebbero l'ardire di sfidare gli Dei e anch'essi vennero distrutti. E i Bhahlix, una strana razza di uomini alati che ebbero la pretesa di poter ingannare gli Dei. Anch'essi subirono la sorte degli altri.

Intanto gli Dei continuavano a subire il processo d'involuzione e il loro Potere su Yog-Sothoth si fece sempre più debole, ma essi rimasero sempre al di là dell'Abisso. Per preservare il loro Potere costruirono enormi piramidi con complesse strutture cristalline atte a immagazzinare e ad amplificare l'energia cosmica proveniente dai più remoti Spazi interstellari, ma Naxyr doveva ancora infliggere l'ultima parte della Punizione. Distrusse la Civiltà, dove si erano rifugiati, tramite un Cavaliere dello Spazio. Egli fece precipitare nella catastrofe le Sette Stelle della Grande Stella e fece sprofondare i continenti nell'abisso.

Pochi si salvarono dalla catastrofe. Quattro, poiché all'ultimo stadio della Realizzazione, si salvarono, ma in realtà questi quattro erano otto. Essi si separarono e a coppie andarono a tramandare l'Antica Scienza.

Cthulhu e Hastur andarono nella terra che un giorno gli uomini chiameranno Egitto. Ichtonh e Mithra andarono nelle terre degli Incas e, in seguito, nella terra che un giorno gli uomini chiameranno Vietnam.

Questa è la Storia degli Dei venuti dal Nulla. Ora essi non esistono negli Spazi ma tra gli Spazi e un Giorno ritorneranno per prendere possesso di ciò che un Tempo era loro.

2

Kadath la Sconosciuta

Vi fu un tempo in cui gli Antichi abitarono a Nord, oltre il Fiume di Fuoco, nel Freddo Deserto ove si ergeva la Montagna Sconosciuta, Kadath! Questa fu la loro dimora. Questa fu la dimora di coloro che uscirono dal Caos e ritornarono nell'Oblio.

Ascolta dunque. Questa è la Storia di come essi vagarono negli Spazi e dominarono da Re.

Ci fu un tempo in cui gli Dei furono sconosciuti agli uomini, tempo in cui viene celato ogni prezioso Segreto. E gli uomini, malvagi nel loro profondo, lo nascosero e lo velarono di tenebra e terrore.

Ascolta dunque. Io ti dirò di coloro che osarono arrivare fino al Trono Supremo in cui siede Azathoth e dove regnerà in eterno.

Per prima cosa devi sapere che nessuno può conoscere i Misteri se non ha superato la Triplice Prova. Fa' questo: tu ti recherai nella desolazione della tua mente e là attingerai la Parola Segreta che è fonte del Supremo Potere. Tale Parola tu la conoscerai come VAL.

Questa Parola non può essere usata se tu stesso non l'avrai sentita riecheggiare dal tuo profondo. E come tu la sentirai balzerai verso l'alto e attraverserai il Fiume di Fuoco, e valicherai il Deserto in un batter di ciglio.

Questo Deserto tu lo chiamerai *Hadith* perché non sei ancora capace di pronunciare il suo vero nome. Se tu lo facessi egli ti terrorizzerebbe e ti condurrebbe nell'abisso di follia.

Ti narrerò di ciò che fece Nyarlathotep quando ci fu il Grande Caos e l'universo fu manifestato come tale.

Egli, la Voce degli Dei, crebbe in forza e saggezza e volle impadronirsi del Terribile Segreto che si cela al di là delle Stelle.

Egli arrivò ai piedi della Montagna. Chiese un segno... e una Triplice Spada forgiata di acciaio roteò sopra di lui e si conficcò davanti ai suoi piedi. Egli, fortificato, iniziò la salita. Ora, giunto sulla vetta, vi trovò Nuhr ed egli lo respinse.

Ora Nyarlathotep pronunciò per sette volte la duplice Parola del Potere Segreto: "Yachd-Dahn". Questa Parola è celata nel Bosco Incantato, nel più profondo Reame del Sonno, dove Tutto È e Non-È. Da quel Mondo non c'è scampo. L'unica via d'uscita è affrontare il misterioso Guardiano che si cela al di là dell'Abisso, oltre la Stella Infuocata.

Ed egli si eresse in tutta la sua potenza e contrastò il giovane Dio che voleva impossessarsi del misterioso Segreto conosciuto come il Sigillo di OTH, ma il Dio allontanò tutto con un incantesimo e il Guardiano si allontanò.

Ed egli cavalcando lo Shantak valicò il Ponte dell'Infinito, brandendo la Spada Infuocata suo simbolo, e attraversò la Grande Porta di Pietra Nera.

Ed egli vide il Sigillo, possente, infuocato, distruttivo. Si sentì una Voce maestosa provenire dal centro del Nulla infinito. Tuonante, rombante, come un Dardo infuocato scagliato attraverso i Cieli, il Grande Nadur prorompette in tutta la sua Gloria.

Egli donò al giovane Dio, giunto fino a quel punto, il Grande Sigillo. Un lampo balenò nella mente di Nyarlathotep ed egli fu creato, generato da se stesso. E davanti a lui furono proclamati gli Eoni. E davanti a lui Nadur pronunciò i suoi nomi, e così venne formata la Cerchia degli Dei. E il loro Regno durerà nell'Infinito, nel Giorno e nella Notte.

Ed egli costruì una Città sulla vetta della Montagna perché gli Dei la abitassero. E fu distrutta la Montagna affinché nessuno potesse scalarla. E venne costruito un Ponte affinché gli Dei potessero andare e venire a loro piacimento.

Ora, io ti svelerò la Grande Formula con cui potrai accedere alla favolosa Città.

Per prima cosa tu dovrai rimanere in te, e questo per molto ancora. Poi tu dovrai creare, davanti a te, il mistico Sigillo di Bahr. E là dovrai chiamare il nome di Yog-Sothoth affinché egli ti mostri la via.

E quando sarai arrivato incontrerai Colui-che-non-ha-Forma e che si cela sotto la maschera di un Caos Informe.

Ed egli ti rivelerà la via attraverso la quale potrai giungere alla Porta Nera. E tra le due Colonne griderai il nome di tua Madre e ripeterai per tre volte il nome di tuo Padre, ma attento! Perché se tu farai questo senza doverlo fare, tu ti rivolgerai contro te stesso.

3

Khranmirh

Se tu guardi da oltre le Stelle nella Notte in cui la Luna è Nera e piange di Rosso, tu vedrai quel Fuoco Informe volteggiare al di sopra di essi.

Ora tu saprai ciò che devi fare, ma attento! Perché in esso c'è gran pericolo. Il Rituale di Aangohr non perdona a chi si avvicina ad esso senza la dovuta preparazione.

Tu che sei il Signore delle Cento Fiamme Viventi di certo comprenderai come sia sciocco sfidare le Potenze delle Tenebre senza un'adeguata preparazione.

Le Cento Fiamme sono gli Spiriti Creatori, l'Essenza della Divinità più pura. Sfidarli è pericoloso, eppure il gesto di un folle potrà sempre trovare compassione davanti agli occhi degli Dei, ma se tu a tale grado oseresti fare ciò... allora che il Guardiano dell'Abisso abbia pietà di te, poiché noi non ne avremo, perché egli è il Guardiano della Soglia e la Soglia. Egli sa da dove essi vennero nei tempi passati e quando egli scoprirà la Chiave, la Porta si aprirà.

Ora tu dovrai fare ciò che nessuno ha mai osato fare.

Apri la Porta! Invocalo! Divieni lui! Pronuncia la Parola e così facendo chiama il Caos Informe che dimora nell'Abisso.

Quando tu l'avrai chiamato saprai il suo nome e così pure il tuo, poiché egli è, e non è; egli diverrà.

Tu sai che il Serpente Nero ha molte Teste eppure nessuna, perché in verità egli non sarà mai che quello che è. Perciò prendi la Spada, deponi la Coppa sul Sacro Altare ricoperto di Lino Nero. Poi pronuncia il tuo nome, imbevi di Nettare il tuo Coltello. E quando avrai fatto ciò, allora chiamami e così facendo grida il Nome del Mondo.

II

Quando tu hai fatto ciò, allora potrai gettarti nel Nero Tunnel. Non guardare: non c'è nulla da vedere. Soltanto il Vuoto nelle Spire del Drago.

Conosci il Segno, fallo! Non esitare. Dopo di ciò, recita il quarto verso del Terzo Libro; guardati indietro, lì vedrai il passato, il presente e il futuro. Non c'è altro dopo. Perciò non indugiare.

Raccogli i Semi del Vento e spargili attorno a te. Raccoglierai i Frutti in un Tempo che non È, ma non parlare di tempo, esso non esiste. Parla soltanto di Unità Suprema rivelata.

III

Questo è quello che dovrai fare prima di annullare il tuo pensiero, poiché soltanto da ciò tutto è possibile. Perciò rivolgi le tue preghiere al tuo Punto, poi concentra la tua immagine e guarda. Tu vedrai ciò che non può essere visto e sentirai ciò che non può essere udito. Questo è quanto tu dovrai fare.

Ora t'istruirò sul corretto modo di usare il Pensiero Supremo.

Per prima cosa sia fatto il Vuoto. Poi dirigi te stesso verso l'esterno, va' verso la Stella, entra in essa e assorbi la sua energia. Dopo di ciò dovrai annullare il tuo essere. Dovrai essere capace di creare il Vuoto e di *essere* il Vuoto. Dopo di ciò dovrai semplicemente fissare il simbolo e indirizzare il Pensiero verso esso. Poi dimentica completamente il simbolo. Eleva la tua immagine e sii parte del Tutto. Unisciti al Padre Supremo, Crea e Divieni.

4

(*Senza titolo*)

Essi erano dove sono, dove saranno. Un Tempo il Drago uscì dalle Acque e mille Scintille uscirono dai suoi Occhi. Questo fu il Tempo in cui gli Uomini erano Dei e gli Dei erano Uomini.

Questo era il Non-Tempo, ove tutto esisteva e nulla era possibile. Questo Tempo alla fine del Ciclo ritornerà, quando egli salirà sul Trono e morirà nelle Acque. Questo Segreto è celato fino alla fine dei Tempi e nessuno lo saprà.

Il Saggio calcoli il Numero del Tempo, perché per lui sarà come Zero e Cinquanta e Cinque in Zero. Chi sa questo Numero attraverserà la Porta, vedrà la Gradinata d'Argento e Oro, e scenderà sotto il Castello dove tutto È e non È, dove tutto esiste e nulla rimane. Questo è un posto da scoprire.

Quando arriverai? Il tempo non importa, il luogo non ha importanza. Il tempo è ora, il luogo è ovunque. Questo tu lo saprai quando avrai fronteggiato l'ultima Illusione dell'Unità, poiché tutto ciò che esiste è in verità parte di lui e parte di te.

Come lo saprai? Quando la Folgore colpirà la Quercia e le Acque si solleveranno, quando la Spada verrà impugnata da Colui che non è il predestinato. Tu lo vedrai tutto ciò, poiché questo è stato scritto nei tempi a venire e verrà rivelato nei tempi passati.

Egli sorgerà dall'Acqua, impugnerà la Spada, la perderà! Allora cercherà la Coppa e quando berrà da essa, la Spada sarà stretta nel suo pugno, ma egli la conficcherà nel Ventre della Grande Madre cosicché l'Eletto possa Rinascere impugnandola.

Questa è una Parola, la seconda è stata detta, la terza è trovata, mentre la quarta è nascosta nel Grembo della Madre.

Questo è ciò che accadde quando la Terra non esisteva e questo è ciò che accadrà quando la Terra sarà vecchia.

Egli non lo sa, ma lui cercherà la Coppa e la porrà nel suo Tempio Segreto, Dimora delle Stelle e della Dea Invisibile.

Non è finito ciò che non ha avuto principio, non è iniziato ciò che non ha avuto fine.

Tutto sarà com'È, tutti saranno innalzati e ognuno sarà immolato.

Alla Fine, essi torneranno ma non saranno quelli che tu credi, poiché tu non li hai mai conosciuti, ma un giorno li conoscerai. E nel Giorno dell'Ira del Figlio del Trono, il Drago Rosso alzerà la sua Testa e colerà la sua bava sul capo della Terra.

È giusto il Tre, poiché l'Otto è celato dalla Fine, ma in verità il Cinque rimane.

Questa è l'Opera Reale che egli inizierà, pur non sapendo. Egli è come un cieco nel mondo, ma questo sarà la sua salvezza. Egli sarà in balia della scatenata furia degli elementi, ma non gli noceranno poiché è di loro. Questo resta ancora da spiegare, ma nessuno lo farà. Ciò è proibito! Trasgredire la Legge significa sottoporsi al Giudizio Divino.

Che stiano in guardia gli eretici e i profanatori, poiché se la Misericordia degli Dei è senza fine, la loro Collera è mille volte più distruttrice. Questo è l'avvertimento dato ai Sacri Custodi del Tempio, poiché essi sono quattro e nessuno. Il significato sta nei numeri non al di fuori di essi, poiché oltre non v'è nulla.

Ora apprendi come ci fu il disordine causato nell'Oscuro.

Ci furono alte Fiamme che salirono fino alla sommità dei Cieli e violente Piogge che devastarono le Profondità degli

Abissi. Poi ci fu un Lampo, azzurro velato di blu, e chiuse le Porte. Questo era l'inizio, questa è la fine.

Tutto è stato detto, nulla è stato rivelato.

5

Tharnhaim

Questa è la Storia Segreta di alcuni di noi, scritta poco tempo prima della distruzione dell'ultimo Regno di Atlantide.

Apprendi ora perché è stato scritto questo capitolo.

Quando atterrammo su questo primitivo pianeta, ancora incandescente e in preda al fuoco, costruimmo il nostro rifugio sulla cima di una montagna che provvedemmo a raffreddare. Vennero le grandi acque e la montagna divenne isola, e l'isola divenne continente. Questo accadde ancor prima che la prima particella di vita nascesse su questo pianeta. Ora gli Dei sapevano che la "condanna" non era ancora stata eseguita del tutto, e così ci accingemmo a fare ciò che doveva essere fatto.

La prima Civiltà da noi fondata fu Yperborea. Sapevamo che la nostra Razza doveva venire del tutto distrutta per poter risorgere, Eoni dopo, a una nuova Gloria ancor più splendente.

Questo pianeta non conteneva le possibilità basilari per poter creare una forma di vita se non quella minerale. Sapevamo che dovevamo creare una forma di vita simile alla nostra, benché di molto inferiore, per poter un Giorno rinascere. Così procedemmo a raffreddare certe zone del pianeta. Dopo di che, provvedemmo ad aumentarne la massa e il volume. Così fu formata una terra arida e ghiacciata.

Ci fu un periodo in cui creammo certe zone per la

sopravvivenza, cioè i mari, i laghi e i fiumi. Questi erano i presupposti per la sopravvivenza di una forma di vita di tipo vegetale inferiore.

Poi creammo la forma di vita che doveva generare la razza umana: il vegetale superiore. Si trattava di forme vegetali aventi una certa indipendenza; potevano muovere le loro estremità, anche se non potevano percorrere grandi distanze senza l'acqua che attingevano dal sottosuolo.

Questa vita si evolse e la corteccia divenne osso, fu ricoperta da sangue (linfa) muscoli e pelle. A quel punto dell'evoluzione, il corpo umano non presentava organi interni definiti, ma piuttosto delle estremità all'altezza del Manipura dorsale che gli permettevano di attingere le sostanze vitali sia dalla terra che dall'universo sotto forma di onde cosmiche. Il sangue non era contenuto in sistemi cardiaci, ma fluiva liberamente nel corpo.

Poi il corpo fisico si consolidò nella forma grezza del primo uomo. Il corpo era ricoperto da enormi peli grossi e le braccia erano talmente lunghe da arrivare quasi ai piedi.

Poi il corpo fisico si tramutò in una forma più evoluta, simile alla nostra, ma erano più bassi (circa 1,80 m.) e più magri (pesavano circa 90 kg).

Questo fu l'inizio della vita sul selvaggio pianeta chiamato Terra.

Ci furono delle divisioni tra le razze, causate specialmente da condizioni climatiche. Per esempio, la razza del sud sviluppò la facoltà di sopportare i brucianti raggi del Sole tramite un'emissione di una sostanza che scurisce la pelle. Nell'arco di dieci generazioni questo fattore è divenuto ereditario. Altre razze si sono sviluppate in altri modi.

Il nostro scopo principale era appunto quello di creare una Razza in cui noi potessimo, di volta in volta, manifestarci sul piano fisico tramite l'incarnazione e la creazione di un determinato Culto.

Questo fu lo scopo principale, ma non dobbiamo dimenticare che la creazione della razza umana era soltanto uno dei tanti disegni del Piano Cosmico. In realtà, questo non è altro che la creazione di una Razza Divina, che come tutte le cose deve avvenire in maniera graduale. Si parte dalla semplice cellula per arrivare a Dio.

6

Argonahr

La Stella di Fuoco è Nera nell'oscurità dello Spazio e il Giudice impugna la Coppa e la Spada. Questa è la Parola, questa è la Legge. Chi non comprende è il verme che striscia nel fondo del mare melmoso.

Ora tu saprai che la Verità è una e non nessuna, com'è stato detto Tempi orsono. Ricorda ciò che è stato detto, ricorda ciò che sarà detto, ricorda ciò che non è stato mai detto.

La tua mente è aperta alle meraviglie dello Spazio infinito e dentro di esso. Guarda ciò che non vedi, leggi ciò che non è stato scritto, tu saprai! Conoscerai allora le meraviglie che si trovano nello Scrigno Segreto, ove è contenuto il Segreto dei Misteri, ciò che non è stato detto: la Chiave Universale.

Ecco, questa sarà l'Estasi, questa sarà la Primavera e l'Inverno di conseguenza, poiché il Quattro si è risolto nel Due e il Due è divenuto Uno. Questo nessuno lo saprà, poiché non è mai stato scritto, mai sarà scritto e mai esisterà.

Ricorda che ciò che viene detto è il Simbolo dell'Infinito e il Vuoto che è in esso, parte di esso ed esso. Questa mia Parola è incomprensibile. Tu non lo saprai. No, poiché certi Segreti non devono venir rivelati in quanto il loro ardore corromperebbe gli uomini e così di conseguenza.

Ricorda ciò che è stato detto: "Egli scenderà nell'Uno e

diverrà Tre, Tre in Uno, Uno in Tre, sempre Uno". Questo è ciò che è stato detto un Tempo e questo sarà detto nei giorni a venire anche se voi sarete dopo. Tu lo sai, ciò basta. Allora uccidi nel fervore della tua collera, nel Giorno del tuo Orgoglio, per furia implacata.

Egli ha fallito? C'è sofferenza e rimpianto in lui? Dove la mia mano tocca i cuori questi non ci sono. Essi ti vedranno cadere. Non temere! Poiché anche se ciò fosse vero, la mia mano vellutata ti solleverebbe.

Ora apprendi che ci sono due in uno e uno in due: ciò è duplice. In verità ciò è stato detto e spiegato. La tua mente è confusa... tu non pensi a ciò.

Dove io sono, il tempo ha poca importanza: ciò non esiste, ma anche se fosse vero, tu lo capiresti? Impossibile! Non è venuto il tempo. Il tempo è ora non essendo.

Il Figlio deve sorgere da se stesso, innalzare la sua Corona e redimere la Spada. Cerca ciò che è stato perduto, ciò che è stato trovato, ciò che non esiste.

Ecco, questa mia Parola è al termine.

7

Rhan-Hoh

Quando tu vedi nel Nord il Toro solcare i Cieli, guarda dietro di te, là troverai la Verità. C'è una Stella che brilla nel Cielo: è la mia Stella, è la nostra Stella, è la Stella del Mondo.

Nei Templi ghiacciati, dimenticati dal Tempo, c'è ciò che sarà perduto.

Il tempo è passato, il momento è venuto. Gli unici Dei sono scomparsi, le stelle tacciono nel loro linguaggio, i mari non parlano che a loro stessi. I molti Dei hanno rimpiazzato la Tradizione, il loro Tempo è venuto per poi passare nuovamente. Questo non è il Tempo degli Dei e degli Uomini, ma degli Eroi e dei loro miti. Tutto questo passo è la Storia per dire in che modo gli Dei si sono zittiti e gli uomini hanno elevato se stessi.

Questa è la Storia della Creazione del Mondo, la cui Pena è la Dissoluzione e l'Estasi eterna.

Non c'è nulla, non c'è nulla! Ove io sono c'è soltanto la Morte.

Strappa via quella Tenda, rivela la Menzogna, guarda il Malvagio e adombra il Giusto. Questi sono coloro che servono. Fa' che essi rimangano così per sempre.

Egli è la Triplice Tragedia, la Triplice Prova dell'Acqua dell'Eternità.

Se tu saprai ciò che si cela dietro la Porta, sarai un Re. E se dopo averlo saputo conserverai ancora ciò che non sai, sarai me.

La Fiamma è rossa del sangue di suo Padre. La Croce è stata vinta e nulla rimane; no, soltanto Gioia e Estasi eterna.

Se tu saprai ciò che io dico, allora riuscirai a varcare quella Soglia tanto ambita e tanto desiderata. Questa è la mia Parola, questa è la mia Prova, che era, che è, che sarà.

Non temere ciò che diranno. Essi non lo sanno, essi hanno soltanto la metà, uniti dalla mia mano così che tutto rimane com'era. E tu saprai ciò.

Egli è il Maestro, anche se tu non lo sai.

C'è prova e prova, ordalia e ordalia, ma per i vincitori c'è la ricompensa in me.

E allora tu dirai: qual è la Parola che fece tremare le genti? Così io ti risponderò chinandomi sopra di te: sussurrerò nel tuo orecchio la Parola vellutata di miele, sconosciuta e conosciuta; essa è celata in questo scritto. Il Saggio la rivelerà a chi ne è degno.

La fine di tutte le Parole è in me stesso.

8

Pan-Har

Guarda la mia Stella e veglia sul tuo Spirito.

Esci dal Circolo Segreto e vieni in noi.

Questa è la Saggezza dei Popoli, che è, che era, che sarà.

Ascolta, ora, il lamento che giunge da lontano e guarda verso Oriente. Vedrai Mille Fuochi... le Mille Forme della Morte.

Guarda: la mia Gloria splende nel mio Tempio Segreto. Questo è il Principio, ma c'è dell'altro: c'è il Due che si compone nel Tre e il Cinque che si risolve nel Sette. Che cosa significa ciò? Il suo Mistero è celato fino alla fine dei Tempi.

Questa è la Parola che è stata pronunciata dalla cima del Sacro Monte. La Parola è 420, ma c'è dell'altro. Il numero è un imbroglio, la Parola è rivelata.

In queste rune c'è il mio Segreto, che è un Segreto di Forza, Gloria e Potere. Non c'è altro dopo il Nero, il cui numero è 9, ma in realtà 9 è un numero di folli; lasciali con la loro follia, essi non comprendono. Possono capire, ma non vanno oltre questo.

In verità io ti dico che se tu sei per me non esisterà alcuna forza al mondo che potrà impedirti di raggiungermi al di sotto degli Oscuri Abissi. E non credere a ciò che ti diranno: essi mentono.

Chi sono costoro? Tu li conoscerai. Eppure già li conoscesti e non molto tempo fa. Allora lascia esistere questa condizione, mostruosa e ripugnante; lascia che i folli seguano i loro déi, tu segui unicamente te stesso! Fai ciò e non sbaglierai. Questo io lo giuro sull'Eterno che è me.

Ora questa mia Parola può avere un inizio ma non una fine, poiché in verità nulla è cominciato e tutto è finito.

9

Ruth-Ha

C'è un Punto nel mezzo della Notte Stellata, oscura e senza Sogni. Ogni Stella è viva, poiché noi non lo siamo.

Guardati da coloro che si professano tuoi amici, da ciò deriva l'inganno. E del Drago. Questo è un Mistero che pochi sapranno svelare, molti lo riveleranno.

Questo è il Segreto della Triplice Forza implicita in se stessa; questa è la mia Forza, questo è il mio Potere. Io ti dirò ciò che tu devi fare: questo non è ancora il momento dell'azione implicita in se stessa, poiché c'è sogno e Sogno, notte e Notte, sonno e Sonno.

Per coloro che mi adorano c'è la Chiave che è stata forgiata dall'inizio dei Tempi. Tutto questo sta scritto nel terzo capitolo, ma il suo significato è rivelato al profano; chi non lo capisse non proceda oltre, poiché di sicuro egli cadrebbe in errore.

Allora, ascoltami: per libero arbitrio, implacato, furioso, egli si leverà dalle Tenebre dell'Abisso, il Padre risorgerà come il Figlio e la Madre piangerà se stessa. Non mi è permesso di rivelare ancor più.

Un ultimo consiglio io posso dare: guarda il Fiume dell'Anima; capirai, allora, ciò che non conosci.

10

Yorr-Hanh

Guarda la formica, l'onda del mare, l'incessante pioggia e sappi: questo è il Segreto che è in te e fuori di te.

Fa' come Narrgom, il possessore della Terribile Brama distruttrice. Egli è come il Vento infuocato che solca i Cieli in ogni Tempo, in ogni luogo. Così fu, così sarà.

Tu non sai ciò che è stato detto! Non disperare, poiché il mio Segreto è celato in me, e nessuno tranne il Drago delle Profondità lo conosce. Il nome del Segreto è *Valgoor*, poiché egli è la Forza e la Forza dimora in lui. Egli abita nella Casa di Pietra il cui nome è Rotham. Tu conoscerai costoro quando tutto ciò sarà finito.

La mia Casa è ovunque, eppure celata anche se conosciuta. Costoro vivono nella mia Casa e non lo sanno. Non c'è follia al di sopra di questa. Essi danno altri nomi, altre indicazioni; ciò è male, eppure non lo è.

Io sarò chiamato Forza per coloro che mi adorano, disperazione per coloro che non credono in me. Io sono Gioia e datore di Gioia, io sono Felicità e Estasi in me. Non c'è altro all'infuori di me e del mio Dio che è in me.

Questo è il Padre, in lui c'è il Figlio, e al di sopra di lui soltanto la Madre regna serena nei Sette Cieli. Questo è del 5, tuttavia c'è in lui un Mistero che non potrà essere svelato, poiché la sua padronanza comporta l'Avvenire noi non diremmo nulla. In questa Chiave c'è più di quanto sembra, poiché la Parola è mia. Questo... per sempre.

11

Thar-O

Ascolta, o tu che dimori al di là dello Spazio e del Tempo, Reame senza fine, ove brilla la Triplice Stella dorata. Là, il vero e infinito Regno degli Antichi. Là è la loro Casa, eterna, senza fine, relegata in se stessa.

Abbandona il tuo spirito, vago uomo, solitario, misero, che nulla adombra. Vaga nei Deserti infiniti, finché non giungerai a quella che io chiamo... Casa.

Al di là di tutte le Dimensioni, di ogni Spazio e di ogni Tempo; al di là dello stesso Nulla v'è la nostra Casa, oscura, invisibile e segreta. Eternità senza fine, serena e primeva.

Essi sono coloro che si rifugiano nelle Tenebre, al di là del più Totale Vuoto infinito. Questa è l'origine delle cose, il principio e non la fine.

Essi vennero dalle Oscure Stelle infinite, da dove la Vita alita il suo soffio e la Morte regna sovrana.

Guarda l'Isola perduta, sospesa nel Vuoto dello Spirito; non tentare di varcare l'Abisso per raggiungerla, se non vuoi incorrere nella Collera degli Dei!

Sappi che gli Dei sono molti, ma soltanto Tre reggono l'infinita Maestà del Cosmo; Hastur, Azathoth e Nyarlathotep regnano Sovrani nella loro Casa, che è dimora di tutte le genti. Al loro fianco si leva un'Oscura Ombra, il Tenebroso Cthulhu, il Drago degli Abissi, ora dormiente nelle Profondità cosmiche.

Non cercare per molto e invano, mortale, tu che hai osato giungere fino qui! La Chiave è nascosta in te stesso, e molti la stanno cercando.

Non disperare allorché queste parole verranno dette, perché la fine di tutto sta nei giorni a venire, quando egli più non sarà. Scomparso l'Antico dei Giorni, il Potere verrà liberato e nessuno oserà contrastare il nostro cammino, poiché è segnato in noi stessi.

Quando il Cielo si aprirà, la Folgore solcherà i Cieli e la Terra vomiterà le Fredde Fiamme, si saprà che il nostro momento è venuto, e tutti i re della Terra soggiogheranno al nostro Potere.

Questa è la Voce dell'Antico e della sua Stirpe, poiché l'Uno è divenuto Tre e il Quattro non è altri che Zero.

Questi Segreti sono troppo gravi perché alcuno possa comprenderli: io li rivelerò a chi ne sarà degno.

Lascia che il Tempo scorra il suo ciclo, che lo Spazio arrivi; lascia che tutto ciò divenga, questo sarà il Segno dei Cieli, l'annuncio dell'Avvento degli Dei!

Così era, così è, così sarà. L'Eternità non avrà mai fine, né i Tempi mai cadranno.

Oggi è l'*ora*, domani il *sarà*! Eppure il Reggente dei Sette Cieli non muoverà un dito per accorrere in suo aiuto.

Essi attendono sotto i Mari, attendono il momento in cui verranno Risvegliati. In quel giorno un Urlo contaminerà la Terra, e gli uomini guarderanno con il cuore carico di terrore.

12

Neh-Ar

Il Caos generò se stesso, e la Luce ebbe una forma. Hastur volò sulle Vette e il Cielo si aprì. Scese una Lama fendendo in due lo Spazio aperto. Poi il Fuoco divampò dall'Oscurità e bruciò il Re. C'era l'inizio, né mai la fine.

Poi la Luce divise se stessa, il Figlio incolpò la Figlia, il Padre generò se stesso e la Madre rimase gravida. Gli Eoni hanno generato un Figlio che sarà al di sopra di tutti i re della Terra.

Questa era la Parola degli Dei quando il Tempo era giovane e il Non-Uno divenne il Due e il Tre esaltò se stesso fino alle Vette della Gloria. Poi il Sultano pazzo distrusse la Casa con la Fiamma fiammeggiante.

Tuttora là si trova la Casa inviolabile dove nessun Dio permette il passaggio se non al Figlio dell'uomo. Tremate uomini e déi, angeli e demoni, poiché il momento del Figlio dell'uomo è vicino.

C'è il Tempo che generò se stesso e il Senza-Forma formulò la Parola e il Mondo fu desto.

Questo è il Principio, la Creazione di ogni cosa la cui pena è la Morte.

13

(*Senza titolo*)

La Via è venuta, il Messaggio in se stesso. Ascolta Uomo e capirai perché: l'Uno è nel Tre e il Quattro nel Due. Ciò che è stato detto fu rivelato dalla fine dei Tempi.

Ascolta la Voce, ascolta i Canti; ascolta, essi sanno. Essi verranno da dove un Tempo vennero e dimoreranno dove un Tempo dimoravano.

Questa è la Parola, questa è la Legge, questa è la Forza, questa è la nostra Gioia e il Mondo che verrà.

Ascolta nella Notte lontana ove romba il Tuono, ove il Fulmine solca i Cieli e infuria la Tempesta. Quando vedrai la Luce fatata, porpora e oro, argento e viola, tu saprai e con te sarà l'Estasi e la Conoscenza dell'Infinito.

Questa è la Parola di Azathoth, la sua Legge e la nostra Legge. Questa è la nostra Parola. Questa è la nostra Voce, che mai zittirà e sempre sarà sentita.

Una Tavola di marmo posta sull'Altare Segreto, ove bruciano i Fuochi dell'Amore: guarda, questa sarà la Legge scritta e detta delle Profondità dell'Abisso. Non indugiare nel Tempio, poiché non serve.

Egli verrà. Egli sa dov'è la Porta. Egli è la Porta e la Chiave dimora in lui. L'Occhio del nostro Dio solca i Cieli nella sua Barca vellutata di blu.

Questa è la Parabola non detta, questa è la Parola non scritta, questa è la Voce non urlata. Il Deserto è Freddo per la sua Voce urlante. I Cieli sono rischiarati dal tiepido Sole invernale, la Luce del Mondo è non vista, né mai lo sarà.

Così è stato scritto prima della caduta del Grande Gigante e questo sarà detto al Tempo del Grande Autunno, quando la Spada uscirà dalla Terra e il Guerriero devasterà le Acque e sotto di esse, e sopra ancora. Questo sarà il Segno, la mia Parola, la mia Legge nel Tempo.

Necronomicon

1

Degli Antichi e della loro Stirpe

Gli Antichi furono, gli Antichi sono e gli Antichi saranno. Dalle Regioni Oscure Naxyr pronunciò i suoi nomi e così fu formata la Cerchia degli Dei. Ed essi vennero, invisibili e tremendi. Essi governarono dall'inizio dei Tempi.

Azathoth, il Caos Primordiale che dimora al centro dell'Infinito Nulla, è lo Sposo e Figlio di Naxyr. Primo Motore della Tenebra, Distruttore del pensiero e della forma, supremo aspetto del Primordiale Fuoco Elementare. Egli è il Leone che impugna la Spada. La sua Stella è bianca, ed egli ha posto la sua dimora nel Sud nascosto.

E davanti a Nyarlathotep furono formulati gli Eoni.

E davanti a Nyarlathotep furono formulati gli Dei.

Nyarlathotep! Il Caos Strisciante. Egli ha svelato il Mistero di OTH e la sua ricompensa fu grande. Egli è il loro Messaggero. Ed egli pose la sua dimora sulla cima della Grande Montagna. Egli là rimarrà, eppure una parte di lui vaga senza sosta nell'Infinito.

Signore degli Abitatori del Profondo. Cthulhu. L'Abitatore dell'Ovest, ove soffiano i Venti ululanti, ove la Tenebra è sovrana dominatrice. Quei luoghi tenebrosi mai hanno conosciuto la luce. Il suo simbolo è lo Scorpione del Cielo stellato.

Hastur, suo fratello, risiede nel più alto dei Cieli. Egli ha preso posto a Est, e là si trova un Trono invisibile. Egli è la Voce degli Antichi, Vendicatore e Distruttore, Colui che cammina solcando il Vento Polare sul Carro di Fuoco. Egli è l'Innominato; come un Toro egli cammina sull'Orizzonte.

Shub-Niggurath, il Capro Nero dai Mille Figli, è il Co-Reggente di Azathoth. La sua immagine è temuta ovunque.

Nodens è il Signore dell'Abisso, da dove vennero gli Dei.

E Yog-Sothoth, il veicolo del Caos, il Signore della Forma. Manifestazione Esteriore della Parola Primordiale. Porta del Vuoto. Egli è il Guardiano della Soglia dell'Orrore Primordiale.

Nel Grande Oceano essi attesero per lunghe epoche, fino a che Naxyr alzò la sua Mano possente e il Mare eruttò le Terre. Ed essi brulicarono in moltitudine e la Tenebra regnò sulla Terra.

A Nord essi eressero possenti città, e negli altipiani del Sud essi eressero luoghi ove dimorare.

E gli Antichi ricoprirono le terre, e i loro Figli perdureranno in eterno. Gli Shantak di Leng sono l'opera delle loro mani; i Ghast, che dimorano nelle terre primitive di Zin, li riconoscono come loro Signori. Essi generarono i Nah-hag e gli Sthol che cavalcano la Notte; il Grande Cthulhu è il loro Signore, gli Shoggoth loro schiavi. I Dhole rendono perpetuamente omaggio agli Antichi nell'oscura Valle di Pnoth e i Gug cantano le loro lodi sotto le vette dell'antica Throk.

Essi sono arrivati dalle Stelle Oscure prima che l'Uomo nascesse. La Città di Irem, nel Grande Deserto, li ha conosciuti; Leng, nel Deserto Gelato, ha visto il loro cammino e là, nella Città Eterna sulle cime velate da nubi di Kadath la Sconosciuta, hanno posto il loro dominio. Là essi abitano e là essi abiteranno quando alla fine dei Tempi essi risorgeranno.

Ci fu un tempo in cui furono divisi. Ed essi combatterono fra loro, Fratello contro Fratello. E i Sovrani Primigeni videro ciò che i loro Figli fecero. Grande davvero fu la loro collera. Ed essi confinarono gli Antichi nell'Oblio, nella Terra di Khar. E là dimorarono, divisi e uniti. E allora i Sovrani Primigeni abbatterono la Terra di Khar. E gli Antichi fuggirono nella Terra-di-Sotto, ove i Sovrani Primigeni posero il loro Supremo Sigillo sulla Porta.

Essi fondarono tre Grandi Città: Thaar, Muun, Leen costruirono nella Terra-di-Sotto.

Gli Antichi, ora, dimorano non negli Spazi noti agli uomini, bensì negli Angoli tra essi. Al di fuori del Piano della Terra essi ora regnano, e sempre attendono il momento in cui essi valicheranno la Grande Porta, perché la Terra li ha conosciuti e la Terra li conoscerà.

E gli Antichi attendono. Cthulhu dormiente nella sommersa Città di Ryleh aspetta il momento in cui verrà risvegliato.

Quando Nyarlathotep pronuncerà la Parola essi si desteranno e popoleranno le terre.

Dopo il giorno viene la notte; il giorno dell'uomo tramonterà, ed essi regneranno dove regnavano un Tempo. Come un'abominazione le genti a venire li conosceranno e il loro potere prorómperà sulla Terra.

Questa è l'origine degli Antichi, che sfidarono i Sovrani Primigeni e furono cacciati nella Terra-di-Sotto.

Il Grande Cthulhu ha posto il suo Sigillo sulla Porta-del-Mezzo, affinché nessun impudente osasse varcarla. Ed egli attende. Quando Nyarlathotep pronuncerà la Parola egli verrà risvegliato e con le sue orde ritornerà sulle terre, e il suo Regno perdurerà in eterno.

Yog-Sothoth verrà rilasciato e percorrerà le vie della Terra.

Quel tempo è vicino. Il tempo in cui varcheranno la Porta è segnato nel Tempo. Attendi dunque. Vegliate perché l'Ora è vicina.

2

Dei Mondi in cui abitano

E quando furono scacciati dalla Terra-di-Sotto furono relegati in Dodici Mondi, affinché non s'incontrassero, ma il prode Hastur scoprì le Porte che davano nei Mondi, ed egli le trascrisse.

Ci sono Mondi dentro i Mondi, Porte dentro le Porte. Questo fu l'inganno dei Sovrani Primigeni, affinché essi non trovassero la Porta che dà sulla Terra-di-Sotto, perché il loro momento non era ancora giunto.

Naxyr, il Supremo Sovrano Primigenio, rinchiuse Cthulhu nella Terra di Nahat.

Hastur nella Terra di Han.

Nuhram nella Terra di Lag.

Azathoth nelle Rovine di Hacthne.

Dagon nella Regione di Hug.

Nyarlathotep vaga negli Spazi di Vahrn.

Yog-Sothoth fu rinchiuso sulla Soglia della Terra di Nahat.

Shub-Niggurath errò libero negli Spazi infiniti.

3

Del Grande Shub-Niggurath e dei suoi Mille Figli

Shub-Niggurath è il Potente tra i Potenti. A lui tutto è concesso.

Egli si leva dalla sua Dimora di Luce per scendere nella tenebra degli uomini, quando ciò gli aggrada. E qui, egli, compie prodigi superiori a qualsiasi fantasia.

Egli redime gli uomini giusti e punisce i malvagi che ostacolano i suoi Eletti.

Egli è un antico Dio di Giustizia e di Potere.

Egli è Shub-Niggurath, il Possente e Oscuro Capro dai Mille Cuccioli.

Egli è Forza e Potenza dell'universo.

Egli è l'universo stesso.

Guardati dal recargli offesa, poiché tu, o lettore, non riesci neppure a concepirlo. Il Mistero di Shub-Niggurath è celato in lui. Avvicinalo e capirai, ma se lo avvicinerai e non sarai pronto, il Nero si ergerà nella sua Ira e Mille Cornuti che ululano si leveranno dalla Terra, e sarai dilaniato dalla tua superbia e stupidità.

Questo è Shub-Niggurath.

Prostrati, umano, davanti a lui, ma non chiedere pietà poiché egli non ne ha.

Se sarai Purificato a sufficienza tu stesso sarai l'artefice della tua Salvezza, ma Shub-Niggurath è al di là di ciò.

Egli pensa a reggere le Divine Coscienze che sprofondano nel mondo dei comuni mortali.

Egli mantiene desta la Fiamma della Sapienza che un giorno illuminerà la Terra e rischiarerà i Seggi degli Dei che ritornano.

Questo e altro è Shub-Niggurath.

Non osare a invocarlo, poiché non giungerà, ma egli è sempre presente, accanto a te, se sei uno dei suoi Figli prediletti.

Va', o uomo, e tieni a mente queste mie parole.

E forse una Notte, quando tutto il Mondo tremerà e Stelle e Pianeti si scontreranno su uno sfondo di Soli Fiammeggianti, lo vedrai stagliarsi su tutto ciò come un'Ombra Nera che ti fissa implacabile. E così tu capirai. Capirai quello che ora non comprendi. Ciò ti basti.

Shub-Niggurath È, e sempre Sarà; il Dio che non scomparirà e che Cieli e terre sconvolgerà con il suo tenebroso apparire.

4

Di Hastur, il Possente, e della sua Voce che risuona nei dimenticati Spazi astrali

Negli Oscuri Spazi cosmici il Possente Hastur gioca con i mondi popolati dagli schiavi mortali. La sua Voce è il turbine lamentoso e distruttivo del vortice che spezza e infrange la vita iniqua che sorse tra le stelle silenti.

Egli vive al di sopra di noi controllando che il Grande Disegno Cosmico si compia. Si compiace dei suoi Eletti e nella sua furia disprezza gli schiavi che li ostacolano.

La sua Potenza lacera le città e schiaccia gli uomini, ma nessuno conoscerà la mano e la sostanza che distrugge, poiché egli procede Senza Volto, il maledetto dagli schiavi, e la sua forma è ignota agli uomini.

Ascoltate dunque il suo richiamo, o uomini, quando nelle oscure ore della notte la sua Voce innalza un Inno agli Dei.

Rispondete al suo richiamo, ma inchinatevi di fronte ai suoi Eletti. Così la Via della Salvezza vi si schiuderà.

Oppure preferite affrontare la sua Ira?

Allora udrete Colui che Urla; da denti di Serpente e artigli di Falco vi sentirete afferrare e precipitare, in un turbinoso vortice, nelle viscere della Terra; là, dove da sempre esiste l'Arcano Leng con i suoi eterni Cieli ghiacciati, dove il ruggito incessante pervaderà per l'eternità le vostre fragili e corrotte membra.

Questa è la scelta che vi si dà.

Non indugiate a seguire chi da sempre è in agguato, pronto a ghermire le vostre mortali spoglie.

Il Canto del Possente Hastur vi sveglierà dal vostro sonno millenario, se vorrete ascoltarlo. Esso vi renderà simili a lui se lo vorrete.

Grande è la vostra scelta, non sprecatela in futili timori o inutili remore umane. Abbandonate la vostra vita comune per iniziare il Viaggio che vi renderà Immortali.

Rendete grazie al Possente Hastur, perché è lui che vi ha Liberato.

5

Del dormiente Cthulhu e dei suoi Sogni

Il Grande Cthulhu, nella sua dimora sul fondo degli Oceani, attende Sognando. I suoi Sogni popolano i Mondi.

Egli vive nella più profonda Oscurità degli Abissi, ove è stato relegato all'inizio del Tempo.

Talvolta, egli, si risveglia per brevi periodi e il mondo trema, trema per paura che dissuggelli i maledetti Sigilli che lo relegano nell'Oscurità, ma ciò non avviene, poiché il Tempo non è ancora giunto… ma il Tempo verrà. E il Grande Cthulhu si ergerà libero e Potente sulla Terra, ove ora può solamente Sognare.

Il suo regno sarà di breve durata poiché, poi, egli sarà assorbito dalla sua stessa Fonte, ma in quel Tempo la Terra brillerà di una Nera Luce distruttiva che rinstaurerà gli antichi Dei sui loro Troni di ebano e avorio, a salvaguardia dell'Uomo.

Questo è il destino del Grande Cthulhu e questo egli farà, ma quel Glorioso Tempo deve venire. Ora egli si limita a Sognare in Ryleh, la sua Tenebrosa Dimora, ove vive la sua perenne morte, ma i suoi Sogni chiamano a raccolta gli Eletti e prostrano i miserabili profani. Sogni di un'antichità immemorabile. Taluni sono anteriori alla comparsa degli antichi Dei, ma tutti parlano solo dello Splendore che dovrà giungere alla fine del Tempo dell'uomo.

O Eletto presta fede al richiamo di Cthulhu. Esso ti indicherà la giusta Via da seguire per non smarrirti sul cammino della Conoscenza.

Ascolta le sue Parole che ti riveleranno gli Arcani Segreti del Cosmo. Se saprai capirle tutto ti sarà più chiaro, tutto ti apparirà sotto una nuova Essenza. Coglila e diverrai un Dio tu stesso, ma già lo sei se mi hai capito.

Ricorda, il Grande Cthulhu dorme Sognando nella sua Casa in Ryleh, non osare a destarlo prima del suo Tempo. Egli verrà a te quando ciò sarà giusto.

Negli Abissi marini, ora, egli ci sta ascoltando; e se sei nel giusto avrai un suo Segno, e ciò ti farà felice.

6

Yog-Sothoth e la Porta che lui rappresenta

Prima di contemplare la Sconosciuta e Arcana Kadath dovrai passare per Yog-Sothoth. Esso è la Suprema Abominazione che sia mai esistita su tutte le terre e che sia mai apparsa su tutti i Cieli.

Yog-Sothoth è l'uomo, combattilo e combatterai te stesso, vincendoti lo vincerai. Esso è la Soglia per le Dimensioni superiori.

Un terrore terribile e improvviso ti sconvolgerà. Ciò vuol dire che lui è presente in una delle sue molteplici forme. La forma non ha importanza, poiché lui è la Forma. Conta l'Essenza e contro di essa combatterai.

E la vittoria non ti darà gloria né onore, anzi ti farà ancor più disprezzare dalle genti. Ciò nonostante la vittoria deve essere tua, poiché in caso contrario non esisterai più; se non in lui, come uno dei suoi innumerevoli servi che strisciano nel suo fango, nel fango dell'umanità.

Rendi grazie a Yog-Sothoth, egli è l'ultimo della sua Stirpe e grazie a lui troverai la via per Kadath.

Egli non ha colpa per la sua umanità, così doveva essere. Egli soffre a ogni vita che stronca, ma questo è il suo compito.

Combatti puro e lo purificherai, e vincerai te stesso.

Capisci queste mie parole, o uomo, me lo auguro.

Un'altra fine è giunta di questo Libro di Saggezza e di Mistero. Un altro Segreto è stato rivelato. Chi ne saprà fare buon uso?

Dei Tredici Globi che compongono il corpo di Yog-Sothoth

Egli, la Porta, è composto da Tredici Piani di Non-Esistenza, ma dire ciò è errato, poiché i 13 Globi esistono ma in un altro modo. In essi fluiscono i rifiuti degli uomini, poiché Yog-Sothoth, nella sua divina bassezza, li ha creati. E lì finiscono gli esseri deformi che non hanno saputo vincere se stessi.

Grande pericolo vi è nei Globi. Essi possono apparirvi come mera forma ma attenti! Essi vi distruggeranno come dei fuscelli al rogo. Pur tuttavia, accade d'incontrarli, ma dopo aver dominato il loro Signore, più nulla possono farvi. Essi vi serviranno come docili agnelli ma coveranno interiormente il rancore, poiché questo gli dona la vita.

Essi sono Gusci sterili, privi di vita superiore, ma la vita li lambisce continuamente. Essi trascorrono in sé la loro millenaria agonia, distruggendosi e reintegrandosi di continuo.

Non potete toccarli, poiché essi sono e non-sono, ma servitevene con parsimonia, poiché Nera è la loro forza viziosa e la loro potenza. Passioni e oscure trame li fortificano.

Non inviluppatevi nella loro demenziale rete. Non lasciatevi circuire dalle loro lusinghe e adulazioni, poiché voi, mia Stirpe, siete reali e loro no. Questo è l'ultimo avvertimento.

Sui tenebrosi e maledetti Globi di Yog-Sothoth non c'è più nulla da dire.

8

Dell'onnipresenza di Nyarlathotep e dei mondi in formazione

L'Onnipresente Nyarlathotep navigava tra le stelle e le galassie come fondatore di civiltà. Il Caos, in lui permeato, fungeva da dissolutore per coloro che, impropriamente, lo avvicinavano.

Essi non conoscevano il Mistero che è Nyarlathotep! Egli fu creato da Mano Divina, affinché gli uomini conoscessero il Messaggio Cosmico, ma tale era il Messaggio che il Messaggero atterrì le genti.

Essi non compresero. Non svelarono il suo Volto che è mascherato dalla Volontà di coloro che Erano, quando il Tempo ancora Non-Era. Non udirono il suo Sussurro insidioso che fa perdere le umane vestigia per acquisire Spoglie Divine.

Troppo grande era la paura degli uomini perché ormai troppi erano gli umani. Gli Esseri Divini si erano spenti, a poco a poco, subissati dai flutti del Tempo. E questi resti di Divinità non poterono più seguire l'Alato Nyarlathotep, poiché già se ne era andato su mondi più giovani e lì, intento a sussurrare il suo Messaggio, cercò di condurre con sé gli ultimi Dei, ma i suoi tentativi furono vani.

Allora egli ebbe per compagno il Grande e Vuoto Silenzio

Cosmico. Egli si ritirò nei mondi che, appena sorti, non erano ancora popolati. Lì si arrestò e cominciò a Sognare, poiché tutto il resto anche a lui era stato proibito. I suoi Sogni erano di Matrice Divina e le terre si popolarono di Semi-Dei, Semi-Dei da lui generati.

Per molti Eoni egli trascorse con i suoi Figli momenti di Felicità ultraterrena, ma la piaga umana sorse in quel Paradiso e ogni cosa pura venne insozzata dall'animale umano. Molto sopportò Nyarlathotep; molto concesse, ma a un certo momento l'arroganza dei mortali s'innalzò a dismisura ed egli distrusse tutto ciò che aveva creato. Così Nyarlathotep mostrò la sua vera faccia agli uomini.

Poi se ne andò nuovamente; questa volta non più solo, aveva, infatti, salvato i suoi Figli. E con essi si ritirò nel Sogno più Segreto, nel Grande Castello d'Onice Nero sito in cima a Kadath, la Grande Montagna che sorge nel Deserto di Leng.

Ogni tanto, nei suoi Sogni, Nyarlathotep ripensa al suo Paradiso, ai Tempi degli Dei, e una lacrima solca il suo Oscuro Volto e i mortali percepiscono il cambiamento tramite i loro sogni. E questi si popolano di visioni fantastiche che li affliggono.

Ecco, questo È, e sempre Sarà, Nyarlathotep.

9

Il Deserto gelato chiamato Leng

Su nell'estremo Nord, là dove i Cieli confinano con la Terra, si trova il remoto e Arcano Altipiano di Leng. Là, la vita è una non-vita. Ogni cosa è artificiale e voluta dagli antichi Signori. Chi vi si avventura ha perso la ragione, poiché solo gli Eletti vi si possono avventurare.

Guai a colui che disturba le alate e possenti Entità, dall'alito infocato, che ne sono a guardia. Dei maligni Fuochi, perennemente ardenti, ne segnalano la presenza. E delle rauche grida stridule vi fanno capire che siete ormai perduti.

Ma la vostra fine sarà misericordiosa se paragonata a quella dei Plastici Abitanti delle terre di Leng. Infatti, essi vivono in Leng per scontare la loro superbia nei riguardi degli antichi Dei. Perciò sono oltremodo crudeli e feroci.

Nel centro dell'Altipiano sorge l'antica Kadath, innominabile Montagna, Sacrario segreto dei Segreti divini. In essa è custodita la Chiave dell'Essere Divino e sopra Esso il Sogno più Segreto di Nyarlathotep. E mentre gli Dei trascorrono il loro tempo in letizia, le abominazioni umane segnano il passo sulle dune ghiacciate di Leng.

Leng immenso carnaio di mortali che troppo spesso ti hanno profanato. Troppo spesso l'hanno fatto in questi passati Eoni, ma questo ora non accadrà, poiché le Porte sono state chiuse. Si riapriranno solamente quando le stelle avranno compiuto il loro ciclo. E gli antichi Dei brilleranno di nuova Luce. E l'antica Fiamma lambirà i Cieli e la Terra, come accadeva nello Splendore dei Tempi.

Quando tutto ciò Sarà, ogni cosa ritornerà com'Era, e sarà nuovamente il Tempo degli Dei. Così Leng rifiorirà, com'era all'inizio, e ogni cosa sarà in armonia con l'universo.

Così Sarà, non può non esserlo, poiché ho visto tutto ciò.

Bellezza e Armonia domineranno, il tutto, incontrastate. Ogni residuo verrà eliminato, solo i Puri rimarranno, poiché è per loro e solo per loro che l'universo è stato creato.

10

La millenaria Kadath

Kadath! Essa sorge sui vizi e orrori umani, l'Arcano Altipiano di Leng, su all'estremo Nord. Di essa non si può parlare, la sua vista è vietata agli umani. Essa è il Ricettacolo della Divinità e tramite essa potrai raggiungere la tua Essenza. Vietato è lo scalarla, ma potrai arrivare sulla sua sommità se rinnegherai tutto te stesso come ancora lo concepisci.

Potenza e Folgore sono le Chiavi della Forza. La Forza è Kadath. Nulla potrai fare senza di ciò. Il resto è vano e nullo. Chi tutto regge, la Matrice Cosmica, così ha deciso.

In cima, sul Nero Castello turrito, vedrai sventolare l'Azzurro Ingemmato degli Dei. Essi ti saluteranno come loro Fratello e tale tu sarai se tutto avrai compiuto. Non c'è difficoltà in ciò.

Questo è l'arcano Segreto di Kadath.

Nyarlathotep ti condurrà per le tortuose vie dell'insidia, ma non abbandonarti a lui.

Hastur a te, o trasmutato, t'insegnerà il modo per far ritorno al tuo mondo.

Shub-Niggurath ti consacrerà per l'eternità.

Queste sono le cose che ti accadranno, dopo che avrai visto gli Dei, sulla Sconosciuta e Arcana Kadath. Che ciò ti sia propizio, ma lo sarà perché questo è il senso di tutto ciò che hai fatto per te stesso.

Va'! Uomo, mi sia ancora concesso chiamarti così! Va'! E non volgere il tuo sguardo indietro, poiché il tuo lavoro non è ancora compiuto.

Ciò ti riempia di Forza e Saggezza.

Che il tuo cuore sia saldo nel petto. Avanza trionfante, o nuovo Dio, Eletto tra gli Eletti. La tua mèta è vicina e potente, non ti rimane che allungare la mano e cogliere il Frutto così a lungo negato. Ciò è Kadath, e mille altre cose ancora.

Va'! E inizia l'Opera, i possenti e temibili Dei antichi sono con te.

Questo è tutto! Rimane l'inscandagliato Nulla a sorreggere la Misteriosa Kadath; sospesa, come una spada, sul capo dell'uomo. Eterna e sorridente Kadath. Possente e silenziosa.

Tutto è compiuto, lo scritto è fatto, l'obbligo è assolto. Ora tutto rimane nelle vostre mani, possano esse sorreggere l'immondo peso della Terra. Sì! Così è stato profetizzato, ancor prima della vostra creazione.

Attendete fiduciosi. L'epopea si ripeterà e la Gloria sarà ancora più grande. Morte e distruzione regneranno, sovrane incontrastate del nostro pianeta, ma così deve essere e così sarà.

Tu, o mio incauto lettore, dovrai solo sgomentarti a queste mie parole. Dovrai pensare a me come a un pazzo, maledetto dagli Dei, e augurarti che questo scritto sia un delirio del Nero Fuoco Cosmico nel mio insano cervello, ma ciò non è, poiché questa è la verità, ma non porti il problema prima della nuova Epoca. Il tuo miserabile corpo non sarà altro che polvere, corrotta dall'incommensurabile Fiume del Tempo, ma chi mi leggerà, fra molti secoli, tremerà, perché la sua catastrofe è vicina. E gli Dei, i nuovi Dei, ne saranno gli artefici, poiché così è scritto: "Morte! Morte! Morte!".

Ora puoi stringermi nel tuo fatale abbraccio, poiché tutto è compiuto. Non rimane che attendere il nuovo Ciclo ed esso sarà splendente, come la gemma appena tagliata. Esso sarà puro, come pure sono le vostre anime. Esso sarà forte, come forti sono le vostre braccia.

Oh! Felice Età dell'Oro. Kadath! Kadath! Fa' sì che io possa assistervi.

Kadath, Nera e Possente Montagna, forza e distruzione ti caratterizzano. Ogni cosa da te viene emanata e per te viene compiuta. Felice chi ti conoscerà nel tuo intimo, sventurato chi ti profanerà, ma anche ciò è stato scritto. Tutto appare nella Grande Matrice Cosmica e tutto ne fuoriesce.

Questo è il Tempo della Gioia e dell'Amore.

O nuovi Dei, bandite l'infelicità dal vostro cuore. Respirate fin nel vostro intimo la Sapiente Fragranza delle Stelle luminose. Purificate il mondo dai suoi molteplici e secolari aborti. Non sanate ma distruggete. I potenti Antichi si manifesteranno, tramite voi, per questo scopo.

Gli Spiriti che crearono Kadath si porranno al vostro servizio, poiché è il loro servizio. Ogni cosa vi aiuterà. Il bello s'incarnerà in voi e i Demoni, affamati, vi seguiranno, poiché voi placherete il loro appetito con le mostruosità che esistono nel mondo. Tutto ciò è sublime e folle, come la Pazzia divina che fa ergere la Tenebrosa Kadath dall'Altipiano di Leng.

I neri dèi umani scompariranno, impauriti, di fronte alle vostre Schiere Divine. Essi cederanno il passo a chi è più in alto di loro. Così sarà, errore non esiste.

La Via è aperta. I salvati saranno pochi, poiché la pietà non è di voi ed è giusto che sia così.

Questo è il Segreto svelato. La Chiave Nascosta è fuoriuscita. Fatene buon uso, o miei successori, nell'arduo cammino della Conoscenza. Forza e Sapienza saranno con voi.

Questa è la fine del tenebroso capitolo di Kadath. Questa è la fine di tutto. Il Nulla rimane, sempre e solo l'unico Sovrano dei mondi. E sopra di esso Kadath, sua eterna e misteriosa compagna.

An-aran-maha-eth-onh-ar-scia-rah.

11

Del Nero Cristallo posto nel Tempio atlantideo di Ast-or-maarh

Sappi, o mio folle lettore, che nel più Tenebroso Tempio di Atlantide era custodito il Nero Cristallo di Astar. Esso non era un oggetto donatoci dalla Terra, esso proveniva da lontane stelle, sede e dimora degli antichi Dei fondatori. Esso non era una cosa inerte, esso era vivente, molto di più di quanto possa tu stesso considerarti tale.

Con questo Cristallo i Sacerdoti di Ast-or-maarh, Tenebroso Dio di un Segreto Culto, potevano compiere dei prodigi favolosi. Il Cristallo Nero, infatti, faceva ottenere ai Sacerdoti tutto quello di cui abbisognavano.

Con esso potevano viaggiare, con il proprio corpo fisico, in altre Dimensioni e prendere contatto con gli Dei delle Ere precedenti, dai quali fluiva una Corrente di Sapere senza eguali.

Ma, con il trascorrere del tempo, i Sacerdoti si macchiarono di empi delitti e il Cristallo Nero si oscurò, fino a scomparire. Così il Culto decadde, privo del suo sostegno fondamentale.

Poco dopo tutta Atlantide scontò il fio dell'empietà perpetrata e s'inabissò nel profondo Oceano che prese, in seguito, il suo nome. Il Cristallo Nero, però, non si dissolse con la caduta dei suoi custodi. Esso esiste tuttora e aspetta di essere usato dagli Dei che ritorneranno a camminare sulla Terra, poiché mai più mano umana potrà sfiorarlo.

Tramite il Cristallo Nero il Potere e il Dominio degli Dei verrà instaurato sul fragile castello di paglia degli uomini. Com'era un Tempo così ritornerà.

Solamente il transitorio cesserà di esistere, poiché le solide basi dell'esistenza non potranno mai scomparire, esse sono. Tu non le vedi, ma esse ti sovrastano a tua insaputa.

Così parlò Hastur. Così accadrà. Questo è il tutto.

12

Dagon, il Signore dei Profondi

Dagon, Divinità Oscura penetrata dai Veli della materia. Egli esisteva molto tempo fa ed egli assolveva molto bene il suo compito. Il suo compito era quello di ordinare e insegnare ai suoi sudditi, i 222 Servitori Neri.

I Servitori Neri vivevano nelle Profondità degli Abissi, prima sulla Terra, poi negli altri Cieli più Sottili.

Grande era il timore che Dagon incuteva ai comuni mortali che, in quel tempo, erano molto pochi e non completamente umani. Essi erano dotati di un'intelligenza bruta e dovettero essere aiutati da chi più in alto era posto.

Grande Saggezza si riversò sugli uomini antichi e i 222 Servitori Neri li servirono, poiché questo era il volere di Dagon.

Dagon sapeva che, così operando, avrebbe predisposto la sua rovina e quella di tutti i suoi Fratelli, ma così era stato predetto fin dall'inizio dei Tempi.

Così la superbia nacque nell'uomo ed egli tentò di porsi al di sopra di quegli antichi Dei che tutto gli avevano dato, ma ciò non fu tollerato dagli Dei, ed essi presero una parte di materia in formazione e la scagliarono sulle moltitudini.

Questo fu l'ultimo gesto degli antichi Dei che più ora non sono ma che ritorneranno un Giorno quando il nuovo Tempo giungerà.

Gli uomini regredirono allo stato selvaggio, nella loro condizione primitiva, e rinnegarono per sempre coloro che li avevano elevati e distrutti. Non riuscirono a capire che non avrebbe potuto essere altrimenti, poiché erano unicamente uomini.

Questa è la loro colpa e condanna che si compirà totalmente quando gli antichi Dei riappariranno sulla Terra nel loro pieno Splendore.

Quando gli Dei ritorneranno, Dagon sarà un Dio di Felicità e con lui ogni cosa brillerà di nuova Luce. I suoi Fratelli si uniranno a lui per raggiungere il Coro Cosmico... Coro che si realizzerà tramite la fusione delle loro Vibrazioni. Tale unificazione permetterà all'Unità di realizzarsi.

13

Dei Quattro Angoli che suddividono la Terra

Nord

Dal freddo Nord, ove sorge la Tenebrosa e Arcana Kadath, giunsero, in origine, i freddi predecessori della razza umana.

Dal Nord fuoriuscì una grande quantità di Potere Primigenio e una grande città vi sorge, ma i suoi dominatori sono scomparsi da lungo tempo.

Grandi caverne ghiacciate nascondono i tesori e le scoperte dei nostri Avi settentrionali, infatti, grandi sono i tesori e le scoperte di cui essi si appropriarono. Lì ora esse giacciono, pronte a essere ritrovate e riutilizzate dai Figli degli Dei scomparsi.

Guardati, o uomo, dal Nord: esso ti minaccerà.

Attento a non fissare il tuo sguardo a settentrione, nelle buie notti invernali, poiché i Neri Guardiani senz'anima strisceranno fino a te per ghermirti e portarti nel loro freddo Reame di Mistero.

Est

Arido Est, terra di promesse e di speranze. Da lì si leverà il

Canto Urlante che sveglierà gli Dei e li ricondurrà sulla Terra. Da questa terra, sorta dal buio della notte, cose giuste e terribili scaturiranno.

Forza e Potenza si riuniranno in un solo Essere che porterà Distruzione ed Equilibrio. Cose innominabili strisceranno nella sua scia. Il mondo tremerà, come un tempo tremò, e gli uomini fuggiranno come mosche impazzite dinanzi alla paura della Terra, ma chi saprà sarà già divenuto pazzo e questa sarà la sua salvezza.

Così si apriranno le Porte chiuse da millenni e un rivolo di Luce accecante nascerà dal cuore del pianeta, travolgendo nel suo cammino chiunque non l'avrà capito.

Guardati, o uomo, dall'Est: esso ti sarà nocivo.

Quando nelle dolci notti di primavera gli volgerai lo sguardo attonito esso ti inghiottirà la mente e ti distruggerà il corpo, poiché non sei puro a sufficienza.

Sud

Torrido Sud, terra di calore e di potenza. Tu celi la Saggezza dell'Uomo. L'Eredità divina è scolpita sulle tue impervie e roventi montagne da cui erutta la vita, centro di potenza sotterranea.

Nessuno osa muovere un passo sulle calde terre meridionali, poiché strane bestie che erano uomini difendono i suoi segreti e i suoi domini, ma ogni cosa nasce al Sud, non può essere altrimenti.

Grandi foreste esistevano un tempo al Sud e grandi città con molteplici forme di vita vi prosperavano. Altre qualità vennero donate al Sud, ma poi tutto venne cancellato dalla Volontà Divina.

Guardati, o uomo, dall'infocato Sud: esso non ti piacerà.

Quando nelle torride notti estive il tuo sguardo seguirà le oscure stelle meridionali il tuo spirito verrà prosciugato dalle correnti cosmiche che sfrecciano rapide nel cielo.

Ovest

Oscuro Ovest, terra di morte e desolazione. Ricca di mistero e di sensazioni arcane, polo conduttore di Forze inimmaginabili, centro di Forza Oscura. Terra di desolazione totale che nasconde in sé la bellezza e la purezza più profonda.

Sulle terre occidentali sorge la vita che è una non-vita, la morte in essenza. Ogni cosa da lì deve passare per uscirne purificata. Ricettacolo di Divinità e di Essenza pura.

Gli Dei prima di far ritorno sulla Terra attraverseranno i tenebrosi territori occidentali e da lì la Forza scorrerà nelle loro vene. I loro muscoli saranno gonfi e pronti a colpire. Le loro menti saranno lucide come lucenti vassoi di bronzo e grandi cose accadranno, poiché il Ciclo è compiuto.

Guardati, o uomo, dall'oscuro Ovest: esso ti atterrirà.

Quando nelle tenui notti autunnali i tuoi occhi indulgeranno nella parte più buia dell'orizzonte sarai sprofondato nei più bui Abissi del Tempo e dello Spazio e per te non ci sarà più speranza.

SEZIONE FILOSOFICA

Il Triplice Libro di Metatron

Liber M-T

1

Affinità specifiche

L'universo, nella sua composizione, è caratterizzato dalla presenza di elementi contrapposti le cui connessioni sono regolate da specifici equilibri. Tali equilibri si possono denominare come Affinità specifiche. Le Affinità, pertanto, consistono in caratteri similari, pur essendo contrapposti. È proprio l'opposizione degli elementi che determina, nell'universo, l'Equilibrio.

2

Norme universali

Le Norme universali vengono espresse in una precisa determinazione di equilibrio degli opposti. Per tale motivazione l'universo esiste, in quanto espressione manifesta di concezioni opposte. L'Equilibrio, pertanto, si rappresenta nella Manifestazione universale.

3

Manifestazione universale

La Manifestazione universale contiene, intrinsecamente, le Leggi basilari necessarie alla sua espressione manifesta.

Le Leggi basilari dominano la realtà della Natura, esprimono gli effetti conseguenti alle cause.

La Manifestazione, nella sua concezione di Equilibrio, è la manifestazione del Ternario.

4

Concezione del Ternario

L'Equilibrio, che nella sua espressione regola la manifestazione della Natura, espleta una funzione determinata. Tale funzione, regolatrice a sua volta della concezione degli opposti, esprime se stessa in Essenza per mezzo della Manifestazione.

L'Essenza è la Forza motrice dalla quale dipendono Leggi specifiche.

5

Concezioni filosofiche

La rappresentazione concettuale dell'universo viene denominata studio della Filosofia.

Per studio della Filosofia s'intende l'Arte di spiegare i fenomeni, dettati da Leggi fisiche, in espressione simbolica.

I simboli sono concezioni filosofiche di Leggi fisiche.

La Filosofia è l'Arte di spiegare le cause e gli effetti delle Leggi universali.

6

Dualità

La Dualità è l'espressione della polarità presente nella Natura.

La Potenzialità androgina viene espressa nella Dualità, poiché il positivo contiene il negativo e viceversa.

I poli opposti rappresentano la realtà della Natura.

7

Concettualizzazioni

L'idea è la scintilla primaria della concettualizzazione.
L'idea concettualizzata esprime la volontà individuale.
La volontà individuale si manifesta tramite il pensiero.
Il pensiero è la concettualizzazione dell'idea.

8

Esplicazioni

La concettualizzazione dell'idea porta, inevitabilmente, all'esplicazione del pensiero. Il pensiero, in tal modo, viene esplicato per mezzo della Ragione.

La conoscenza deriva dall'aver esplicato il pensiero, e la Ragione esplica la natura dell'idea. La natura dell'idea viene, così, manifestata tramite la parola, poiché la parola esprime il pensiero.

9

Simbiosi

La filosofia della simbiosi studia l'intrinseca connessione esistente nel rapporto degli elementi.

Per elementi s'intende caratteri specifici aventi qualità differenti.

La simbiosi si realizza nell'ambito di una compenetrazione di elementi aventi qualità specifiche diverse.

La qualità indica il genere dell'elemento non rapportabile alla concezione della polarità.

10

La Triade

In Natura l'espressione dell'equilibrio degli opposti, che derivano da una Fonte Primaria, viene denominata Triade.

La Triade è l'espressione di concetti individualizzati che esprimono l'essenza della scienza della Natura.

La Triade si manifesta nell'espressione individualizzata di Entità Supreme. Tali Entità dominano le Leggi specifiche esprimendole.

11

L'Arcana Scienza

Nella Storia della vita dell'universo si sono susseguiti cicli storici. In tali cicli si sono evolute razze, si sono creati pianeti, ma l'Arcana Scienza è rimasta immutata.

La conoscenza delle Leggi del Dominio e la consapevolezza dell'esistenza dei Mondi hanno portato le creature pensanti dell'universo ad agire in armonia con la Legge universale. Alcuni errori, però, hanno causato, a volte, l'annientamento dei pianeti e delle loro creature.

Il monito appare dunque chiaro, poiché non vi è nulla che l'essere possa fare se non l'agire in armonia con la Legge universale.

12

La tempestività

Una delle cause degli errori delle creature pensanti è stata, ed è, di non aver compreso le esigenze temporali della Natura che, a sua volta, per sopravvivere a se stessa ha dovuto riportare l'equilibrio nelle concezioni espresse dalle creature pensanti.

La concezione sopra esposta è per apportare l'evolversi degli eventi alle cause primarie e non a cause determinate da creature pensanti squilibrate.

13

Creature dei pianeti

Varie razze di creature, diverse ma similari, popolano l'universo. Esse abitano il Dominio e sono governate da Leggi universali.

Altre creature abitano i Mondi e sono governate dalle Leggi specifiche che regolano i Mondi.

Il tutto per creare un'unità di concezione indissolubile in cui le Leggi universali del Dominio e le Leggi specifiche dei Mondi, nel corso dei cicli, erano uno.

14

Il Gran Regolatore

Il Gran Regolatore è colui che dall'inizio dei Tempi manifesta se stesso nell'espressione del Dominio e dei Mondi. Spirito vitalizzante presente nell'universo. Egli è l'Intelligenza ed è il regolatore dell'espressione della vita.

Liber M

1

Dominio

Il Dominio è la Realtà oggettiva a cui appartiene lo scorrere naturale del tempo.

Il Dominio è comunemente percepito nella Natura manifesta.

L'aspetto biologico è presente nell'espressione della manifestazione del Dominio.

La manifestazione di Leggi naturali, percepibili nel Dominio, permette la conoscenza di realtà fisiche non percepibili, comunemente, tramite i sensi fisici.

2

Mondi

Dimensioni intersecanti la realtà oggettiva del tempo nel suo scorrere temporale.

L'intersecazione della Percezione, su rotte percettibili, rende possibile la conoscenza di altri Mondi intesi nella loro manifestazione. La manifestazione di questi Mondi è dovuta all'esistenza di energia espressa in materia non comunemente intesa.

3

La Dottrina

L'escatologia dell'esistenza dei Mondi esplica la conoscenza di Norme specifiche universali. La specificazione di tali Leggi implica la Conoscenza.

La conoscenza delle Norme, che regolano l'esistenza dei Mondi, implica l'applicazione della Percezione.

La Percezione permette di conoscere le Leggi fisiche che determinano i Mondi. La composizione strutturale di tali Mondi viene definita nell'esplicazione dettagliata delle Leggi fisiche.

L'applicazione delle Leggi fisiche, che implicano la conoscenza della materia, permette la facoltà della Conversione strutturale applicata a concezioni materialistiche.

4

Conversione

La possibilità di Conversione, applicata a concezioni materialistiche, permette l'accesso ai Mondi.

Accedere a un Mondo significa aver convertito, istantaneamente, la propria concezione materiale, regolata da Leggi fisiche del Dominio, in proprietà che hanno la caratteristica di Leggi fisiche appartenenti a quel Mondo.

La Percezione si equivale alle proprietà delle Leggi fisiche del Mondo.

5

Determinazioni specifiche

Stati di composizione in cui la struttura viene specificata in composizioni determinate.

La struttura è, a livello concepibile, un effetto della Determinazione specifica.

L'effetto consiste nel determinare la razionalità nell'espressione oggettiva che comporrà la struttura sistematica.

Determinazioni specifiche di strutture sistematiche.

Tale è la Legge che espone la sistematicità intrinseca dei Mondi: composizioni strutturali designate dall'apporto di Specificità intrinseche nella Percezione dei Mondi.

6

Specificità

Caratteristica strutturale di una determinata esplicazione di Legge.

L'esplicazione della Legge, che implica la particolare Determinazione specifica, è la costituzione dei Mondi.

La manifestazione delle Determinazioni specifiche si espleta nella congiunzione dei Mondi.

La congiunzione permette di essere nella composizione strutturale del singolo Mondo.

7

Espressioni

Concettualizzazioni interpretative di un esposto di Leggi fisiche.

La determinazione di Leggi fisiche trova la sua espressione nell'esposizione di concetti propri alla simbologia della struttura dei Mondi.

Mondi di materia espressi nella concezione di atemporalità sincronica.

L'espressione atemporale, governata da Leggi fisiche, detta le basi per una concezione diversificatoria negli effetti dell'atemporalità. Tali effetti sono subordinati all'ordine sistematico nella causalità degli eventi.

8

Dimensione del sogno

La particolarità strutturale della Dimensione concepita come interiorizzazione di elementi strutturali, convertibili in materia fisica, denota la proprietà intrinseca dell'espressione concettuale della Dimensione propriamente detta.

La proprietà della Dimensione esplica il suo fattore determinante nell'originalità del campo di attribuzione degli elementi sostitutivi.

La capacità di espressione concettuale, in tale Dimensione, si esplica nel condizionamento simbologico di eventi strutturali concepiti, in sintesi, nella materia della suddetta Dimensione.

La chiave di questa Dimensione è di essere, essa stessa, una zona d'accesso per la congiunzione di altri Mondi.

La strutturazione della Dimensione garantisce l'accesso di simbologie espresse in rappresentazioni energetiche di concezioni strutturali fluide.

9

Costituzione della materia

Espressione di un concetto esplicito per definire la qualità di una Realtà governata da Leggi specifiche dissimili tra loro. La materia, in tal senso, è intesa nella sua espressione manifesta non rapportabile unicamente alle Leggi fisiche, espressioni del Dominio. La materia, pertanto, si può esprimere nella concezione di "energie".

La fattispecie caratteriale di una sezione individuale di Percezione di un Settore universale consiste in energia strutturalmente convertita in espressione caratterizzata dalla mancata concezione dello scorrere temporale. La sistematicità per cui la caratteristica di tale materia sussiste è espressa nell'intrinseca concezione rapportabile a Legge fisica in cui la concezione dello spazio non è rapportabile allo scorrere del tempo.

10

Realtà percepibili

La connotazione particolare della struttura compositiva della vita, che implica l'uso della Percezione, è quella di vivere in maniera oggettiva altre Realtà. Tali Realtà, non comunemente percepibili, si mostrano nella loro espressione caratteristica strutturale. Così queste Realtà, che sono Mondi, fanno conoscere il contenuto della loro espressione.

11

Commutazioni percettive

L'uso di Settori particolari nella struttura compositiva di esseri viventi determina la Percezione di altre Realtà. La connotazione caratteriale di queste Realtà denota la particolarità caratteriale di ognuno di questi Settori universali.

L'espressività congiunta alla Percezione delimita il Mondo.

Mutare Percezione equivale a percepire l'espressione manifesta di un altro Mondo.

Percezione ed espressione sono intrinsecamente unite nella manifestazione delle strutture compositive.

12

Alternanza

Ipotesi concettuali di verità, espresse nella Realtà oggettiva, determinate dalla Percezione.

L'Alternanza della Percezione realizza le ipotesi concettuali.

Le ipotesi concettuali, che sono dei fenomeni astratti, divengono concezioni espresse in Leggi fisiche quando la Percezione si alterna.

L'Alternanza della Percezione permette la realtà dei Mondi.

L'oggettività dei fenomeni reali si realizza mediante la Percezione.

13

La Bolla di Percezione

I Mondi trovano la loro esplicazione mediante l'uso di sistemi percettivi.

I sistemi percettivi rappresentano delle conoscenze istituite nell'ordine di un Sistema strutturale organizzato, caratterizzato dalla capacità intrinseca del Percepire. La Percezione, così, si esplica all'interno di questo Campo di strutturazioni compositive. Tale Struttura, composita e complessa, rappresenta il sistema organizzativo dell'universo. La Percezione che attiene a tale Struttura è una facoltà della medesima. Questa facoltà permette di percepire i Mondi.

Ogni cosa è Percezione espressa a vari livelli.

Liber T

1

Il Potere

Il Potere domina e sovrasta il Regno della Natura.
La Conoscenza scorre fluida.
Il Potere si esprime nell'espressione concettuale della Conoscenza.
Il Potere Silenzioso muove le messi, fa crescere i germogli. Crescita in continua evoluzione, in espansione potenziale.
Il Potere è ovunque ed è la Forza che permea la natura delle cose.

2

Il Tempo

La manifestazione ciclica della nemesi degli avvenimenti.

La ciclicità degli eventi implica la determinazione degli eventi futuri.

L'evento è la manifestazione ciclica del Tempo, ora e sempre.

La catarsi degli eventi avviene nella simultanea azione di eventi multipli.

L'azione, che implica la catarsi, esige la concettualità espressiva dell'evento.

Gli avvenimenti generano le sorti del mondo.

3

L'Arte

La conoscenza del Potere unita all'espressione concettuale fa fluire l'azione in manifestazioni mutevoli.

La conoscenza molteplice della mutevolezza delle situazioni determina la Consapevolezza.

La Consapevolezza si esprime, fluida, nell'Arte.

L'Arte è un insieme di sistemi escatologici.

L'espressione dell'Arte viene prodotta dalla comprensione dei sistemi escatologici.

L'Arte fluisce nella Conoscenza e Comprensione immediata per rappresentarsi, simultaneamente, in espressione dinamica nella consapevolezza della Ragione.

La Ragione è l'intermezzo tra la Conoscenza Intuitiva e la manifestazione dell'opera.

4

La Scienza

La Scienza è la costruzione particolareggiata del dettame di Leggi universali.

La Legge che si esprime nella sua determinazione causa l'effetto determinante dell'espressione concettuale.

L'espressione concettuale determina il concetto applicato al significato intrinseco della Legge.

L'estrinsecazione della Legge determina l'evento.

La padronanza della Scienza determina l'evento.

5

Conoscenza Silenziosa

Lo scorrere fluido di simbologie specifiche nella qualità di specifiche Norme.

L'Intendimento Silenzioso, nel suo aspetto contenutistico, si esprime nella facoltà espressiva della Ragione.

I contenuti espressionistici, determinati dalle Norme specifiche, fluiscono, in essenza, silenziosi.

L'Intendimento Silenzioso esprime la conoscenza di se stesso nell'espressione della Ragione.

La Ragione non limita l'Intendimento, ma è una facoltà che produce l'atto.

L'atto è l'espressione dell'Intendimento.

L'espressione dell'Intendimento, nell'atto, estrinseca la concezione assolutistica del Silenzio.

Il Silenzio è la Norma che determina la facoltà dell'intendere.

6

La Volontà

Intendimento duplice nella sua Manifestazione Primaria.

Origine manifesta, espressa nell'intendimento della Volontà.

L'espressione manifesta della Volontà è dovuta all'azione intuitiva esplicata dalla Ragione.

L'azione manifesta la Volontà che è espressione dell'Intendimento.

La Volontà è la Legge Primaria che esprime se stessa, per mezzo delle Norme specifiche, nella Conoscenza.

L'applicazione della Volontà alla Ragione determina l'evento.

7

L'Ignoto

L'Ignoto, nella sua composizione strutturale, designa una complessità organica di elementi.

Gli elementi esprimono il contenuto delle Norme specifiche.

La varietà degli elementi, che compongono le Norme, costituiscono l'Arte.

Viene definito Artista colui che esprime in atti volitivi l'essenza dell'Ignoto. In tal modo l'Ignoto diviene causa-effetto, identificato nell'espressione pura del Conoscere.

8

La Forza

Energia creativa. Creazione espressa in energie equilibratici nelle Regole della Natura.

Potere dominante l'espressione delle Norme.

La Forza domina l'evento nel senso che è generatrice di energia espressiva dell'intento volitivo.

9

L'Equilibrio

Legge in cui le Norme della Natura trovano motivo di esistere a causa dell'espressione duale, ma pur sempre combinabile, di energie.

L'Equilibrio si esprime nella Legge.

La Legge dell'Equilibrio trova espressione nell'armonia delle Forze.

Le Forze sono l'espressione energetica di Leggi naturali.

10

L'Agguato

Funzione in cui il Potere si esplica.

Le Norme specifiche, che dominano la Natura, fanno conoscere il loro contenuto mediante l'espressione di questa funzione. Tale funzione espleta se stessa nella determinazione della pratica dell'Agguato.

La Natura opera tramite questa funzione.

L'espletamento della pratica richiede conoscenza delle Norme specifiche.

La funzione dell'Agguato esprime la Regola.

11

L'Energia

Alito impalpabile nella manifestazione della Natura.
L'energia, in tal modo, vivifica la Creazione materiale.
L'Energia è ovunque.

12

L'Essenza

Energia in nuce che si esprime nell'alito della Creazione. Flebile contenuto di vita, manifestazione eterea dell'energia cosmica.

La Vitalità è l'essenza dell'energia, è sospiro di vita, è palpitare di sospiri.

SEZIONE PROFETICA

Il Libro della Rivelazione

Tuono Primo

1. I Cieli tremeranno, poiché giunta sarà l'Ora ultima.

2. L'Agnello sacrificherà se stesso per immortalarsi alla Luce del Santo Giorno.

3. Le genti, spaventate, inneggeranno la loro preghiera al Signore, ma egli risponderà a loro con Fulmini e Saette.

4. L'angoscia vivrà nel cuore degli uomini, essi si calpesteranno e la loro follia ucciderà l'un l'altro.

5. La Rivelazione è questa: l'Altissimo si manifesterà e la sua Voce verrà udita ai quattro angoli del Mondo.

6. La Donna udrà i lamenti degli uomini, ma essi non toccheranno il suo cuore.

7. L'Altissimo ha manifestato la sua Voce. Potente sia il suo Sacro Nome.

Tuono Secondo

1. Apparirà un Sole brillante, l'Astro fulgido del cielo mattutino.

2. Esso porterà una dolce brezza, inizio di una nuova Era.

3. I caduti avranno arrossato le acque dei fiumi e il mare si abbevererà del loro sacrificio.

4. Silenzio! Silenzio! Silenzio sarà fatto sulla Terra e i venti occulteranno il loro minaccioso ululato.

5. La terra si riscalderà e l'aria diverrà brace ardente nel respiro degli uomini.

6. Sarà per loro come esalare l'ultimo respiro.

7. Ma ecco che il Peccato verrà presto lavato.

Tuono Terzo

1. L'Altissimo è il Potente. La Creazione inneggia il suo Nome.

2. L'Altissimo si rivelerà agli uomini, poiché essi hanno ucciso le creature della Terra.

3. E fango Sia! Sia sulla stirpe degli uomini caduti nell'abisso della loro follia.

4. Gli uomini sono ora caduti, poiché il Peccato li ha resi ciechi.

5. Il Peccato deturperà i loro volti ed essi strisceranno nel fango, poiché in loro l'Altissimo non vivrà.

6. Morte a coloro che peccano e morte trovino nel fango delle loro illusioni.

7. Ciechi e sordi gli uomini diverranno a causa del loro Peccato, ma l'Altissimo, nella sua immensa Gloria, darà a loro l'ultima possibilità.

Tuono Quarto

1. Terra benedetta! La stirpe degli uomini verrà dimenticata.

2. L'alito dolce del Gran Dragone alimenterà la Terra.

3. Che nessun occhio possa vedere questa terra benedetta.

4. L'occhio del profano verrà velato e guai a coloro che si approssimeranno alla nuova terra.

5. Guai! Guai! Guai!

6. Prima del sorgere del Gran Dragone gli uomini dovranno rendere conto all'Altissimo.

7. Le Prove saranno Tre e saranno durissime. Chi riuscirà a superarle?

Tuono Quinto

1. Il Sole brillerà nei Cieli. Sarà la promessa di un Nuovo Giorno.

2. Le genti che non avranno ascoltato le Parole del Potente cadranno preda dell'implacabile furia degli elementi.

3. La terra si squarcerà, inghiottirà i flutti del mare e vomiterà la sua bava sul mondo.

4. Coloro che non saranno stati accecati dalla Parola del Potente saranno i Testimoni del Gran Terrore.

5. Il cielo s'infiammerà e l'aria brucerà.

6. I quattro angoli del Mondo saranno scossi dalla Forza del Potente.

7. Finalmente il Gran Dragone apparirà in mezzo al mare e il suo respiro vivificherà la Terra.

Tuono Sesto

1. Le genti si prostreranno alla Collera del Potente.

2. Lo temeranno, ma tenteranno con l'inganno di fargli credere di essersi redente.

3. Ma l'Angelo della Luce, che avrà mutato il suo aspetto, scaglierà sui profani la Maledizione Divina.

4. I profani saranno inceneriti! Nuovo Onore e Gloria al Figlio dell'Altissimo.

5. La Nuova Dimora sarà inviolata nel Tempo.

6. E chi, nei secoli a venire, si avvicinerà con l'inganno gli verrà mozzata la testa.

7. L'Ira del Potente si è manifestata. I Fulmini squarceranno i Cieli e apparirà il Divino.

Tuono Settimo

1. Lode, Lode, Lode all'Altissimo. La sua Parola vivrà in eterno.

2. Gli uomini che non hanno creduto alla sua Parola non calpesteranno più la Terra.

3. I Guai hanno Purificato la Terra, mantenendola monda dal Peccato.

4. I Tuoni hanno espresso la loro Parola e la loro Manifestazione è racchiusa in un Segno.

5. Il Segno apparirà e sarà visto da pochi, ma sarà compreso dagli Eletti.

6. La Rivelazione sarà manifestata agli occhi dei profani, ma tale sarà la loro cecità che non si accorgeranno dell'approssimarsi dell'Ora ultima del Giudizio.

7. Il Giudizio giungerà inaspettato e annienterà, per sempre, il Peccato.

La Voce del Possente

Io sono Colui che Era, che È e che Sarà.

Io sono l'Onnipotente, l'Altissimo Signore di tutte le cose.

Io sono la Luce, la Volontà. Io sono la Forza e l'Amore.

In quest'Ora ultima io scatenerò la mia Ira, affinché i popoli vengano travolti dalla Forza della mia Collera.

Nel Giorno della Grande Verità io lascerò che mio Figlio scateni sul mondo tutto il suo furore e lascerò che mia Figlia non trattenga le lacrime di gioia che verserà sulla Terra.

Che il mio Potente Messaggio giunga ovunque. Non ci sarà pietà per la sofferenza.

La mia Collera si abbatterà sui popoli, fino al momento in cui il tempo sarà maturo per la nascita di una Nuova Alba.

E ora ascoltate, servi! La mia Potenza sta per scatenarsi sulla Terra e con essa sta per scatenarsi la Forza dei miei Figli su di voi.

E ora, Figli miei, vi dico questo: Il Tempo è Ora!

Dissuggellate il Potere tenuto nascosto per millenni, affinché la Forza si manifesti nel mondo.

Il Libriccino Dolce e Amaro

La caduta degli uomini

1. Guarderanno gli uomini, schiavi delle loro false virtù, a questo Libro come a un idolo d'oro da adorare. Nei secoli in eterno saranno ricordate le voci blasfeme degli schiavi che tenteranno di violare il Divino Messaggio dell'Eterno. Guai a coloro che saranno così stolti da cercare di comprendere la Parola del Signore.

2. La Parabola dell'Eterno è stata scritta e trasmessa. I Canti s'innalzeranno dalla Profondità dell'Abisso e inneggeranno la Lode all'Agnello.

3. Il Vivente apparirà vestito di Luce ed egli coprirà le Corna per non recare offesa ad alcuno degli schiavi. Di tutto questo, alla fine dei Tempi, nulla sarà compreso.

4. Grande è la sua Potenza. Egli siederà sul Trono del Signore e sarà investito di ogni Potere.

5. Nell'Ora ultima del Giudizio apparirà la Spada Fiammeggiante e l'Agnello, Figlio della Luce, la impugnerà.

6. Guai a coloro che cercheranno di nascondere la loro schiavitù. Essi saranno i puniti.

7. Esseri nefandi! Ascoltate la Voce del Potente e inchinatevi alla sua Misericordia!

8. Il Divino, sotto le acque bollenti del mare, sopra la terra infuocata e tormentata da passo umano, farà Giustizia.

9. Grande è la Misericordia del Figlio dell'uomo. Egli opererà con Dignità Regale e si leverà, dai quattro angoli della Terra, una Voce di Miele che inneggerà l'Altissimo.

10. Ma prima che l'Agnello faccia la sua comparsa tra gli

uomini un Patto nascosto dovrà essere violato e risuggellato.

11. La notte vedrà l'Arcobaleno e gli uomini tremeranno.

12. Sarà fatto Silenzio nei Cieli e sulla terra, prima della Rivelazione del Figlio dell'Eterno, e la Voce del Potente si farà sentire agli uomini.

13. Il Respiro della Terra sarà sospeso. Il Cielo si aprirà e l'Ira del Divino si scatenerà sul mondo. Il Bagliore verrà visto da pochi, ma sarà il Segnale dell'inizio del Grande Ritorno.

La Terra Promessa

1. Dai quattro angoli della Terra si leverà l'Urlo potente e temibile del Figlio dell'uomo.

2. Le sue gesta, nell'Ira del Possente, devasteranno le acque e colpiranno le terre. Ogni luogo della Terra sarà a lui conosciuto e le genti cercheranno rifugio, poiché grande sarà la sua Ira nel Giorno del Riscatto.

3. La Terra sarà silente. Egli non permetterà alle onde del mare di esistere e ai venti di ululare. L'alba sarà uguale al tramonto in questo Giorno di Misericordia e di Giustizia.

4. Un Fulmine squarcerà il Cielo. Un Rombo potente scuoterà la Terra e le Fiamme divoratrici dell'Abisso tenteranno di conquistare una nuova Dimora.

5. L'Angelo della Luce apparirà vestito di scarlatto e le sue Corna brilleranno come gemme.

6. Questo, Ora e nei Secoli a venire.

7. Il suo Volto è umano, ma egli è il Figlio di Dio. Le genti fuggiranno alla Grande Rivelazione e grande sarà il loro spavento nel vedere la Forza del Giustiziere.

8. I mari ribolliranno e ogni posto della Terra sarà toccato dalla morte. Il Figlio dell'uomo si rammaricherà di ciò. A causa della moltitudine le piccole anime del Signore saranno sacrificate.

9. Esse non sono colpevoli. Il loro sangue purificherà la Terra.

10. La Parola del nuovo Dio, atteso da secoli, si diffonderà sui quattro angoli della Terra, ma l'Ira sorgerà in lui quando le

genti non lo riconosceranno.

11. Saranno i figli dell'omertà, della paura e della menzogna, a riconoscerlo. Tenteranno di fermare il suo Cammino e la sua Parola d'Amore e di Gioia.

12. Ma chi sarà così stolto da mettersi dinanzi al suo passo?

13. I Quattro Viventi si manifesteranno. L'ultimo, il cui nome è Morte, apparirà prima del Giorno della venuta del Potente.

14. Fiumi di sangue scorreranno. La Mano Divina colpirà i popoli e i luoghi dove si rifugeranno.

15. Gli Eletti, coloro che seguiranno il nuovo Dio, avranno pace e una Dimora che non verrà distrutta dalla furia implacabile degli elementi.

16. Una nuova terra apparirà dalle profondità del mare dopo che il Drago avrà vomitato sui popoli tutta la sua Ira. La Donna accompagnerà il suo avvento.

17. Ella è la nostra Madre nei secoli e in eterno. È la Figlia dell'Altissimo, e Madre disprezzata e onorata. Di te le genti parleranno come l'Abominazione, ma non comprenderanno la tua Divinità.

18. Solo nel Regno dei Cieli è riconosciuta la tua Misericordia, e la tua Potenza verrà rivelata agli occhi del profano.

19. Ella apparirà vestita di Sole, ma il Rubino sarà celato nel suo cuore.

20. Andranno tra le genti e porteranno il loro Messaggio. Il Figlio e la Figlia di Dio. Il Messaggio è di Amore e di Speranza.

21. Ma non verranno ascoltati.

22. Il Padre allora vedrà la Desolazione sulla Terra e non permetterà al Sole di risplendere. La Luna luminosa si oscurerà e le Stelle cadranno sulle teste dei dannati.

23. La Furia scatenata di questo Giorno sarà maledetta dagli uomini per l'eternità.

24. Le genti che avranno vissuto nella Parola del Signore troveranno la Salvezza e il Figlio di Dio, nella sua immensa

Misericordia, darà loro un luogo in cui stare, lontano dall'Ira divina.

Il nuovo Sole brillerà nei Cieli

1. Prima che la Luna Rossa di Sangue s'inabissi nel Mare Oscuro un Astro rifulgente sorgerà a Oriente.

2. I popoli si prostreranno ai piedi dell'Agnello di Luce.

3. Il Regno dei Cieli si mostrerà alla Terra. Gli uomini saranno accecati da tanto Splendore.

4. I Sette Cieli tuoneranno e innalzeranno un Inno di Lode al Figlio manifesto.

5. Le terre tremeranno e il Sole Splendido apparirà prima della fine dei Tempi.

6. Emanerà i suoi caldi Raggi ai popoli della Terra. Coloro che non vorranno vedere l'Onnipotente verranno inceneriti.

7. Il Sole emanerà i suoi Dodici Raggi ai Figli della Terra e farà conoscere loro il suo Messaggio.

8. Ventiquattro Antichi Seniori riprenderanno il loro posto attorno al Sole. Gli uomini vedranno la Corona di Luce e il Figlio la indosserà.

9. Così Sarà e per Sempre.

10. Guardate, o Figli degli uomini, la Manifestazione del Figlio di Dio.

11. Egli si è fatto uomo, ma non è un uomo. Egli è il suo passato e il futuro delle nuove Genti. Egli, finalmente, riapparirà con la sua Corona.

12. Tremeranno le genti e si prostreranno dinanzi all'Antico Mistero della Divinità.

I Quattro Viventi

1. Il Trono Divino apparirà nel Cielo. In mezzo al Trono, intorno al Trono, staranno i Quattro Viventi. Il primo Vivente è un Toro con corna di luce, il secondo Vivente è un Leone con occhi di brace, il terzo Vivente è un'Aquila maestosa e il quarto Vivente ha aspetto d'Uomo. Essi dal Trono non si sono mai mossi perché esistono dal Principio.

2. Faranno sentire la loro Voce nel mondo e dai quattro angoli della Terra faranno apparire i Flagelli di Dio. La loro venuta segnerà l'inizio della Fine dei Tempi.

3. Molti crederanno di averli incontrati, ma essi si celeranno agli occhi del profano.

4. Il volgo profanatore adorerà il falso Dio e porterà la sua falsa parabola per le vie del mondo.

5. Al manifestarsi del primo Vivente, l'Angelo della Terra dirà: "Sarà fatto nei Cieli, come sulla terra, grande danno agli uomini. Essi adorano il vitello d'oro. Distruggerò il loro idolo e renderò agli uomini la loro libertà, ma essi si troveranno senza direzione e senza falso Dio da adorare. Saranno deboli e vivranno peccando nella debolezza".

6. Saranno nuovamente schiavi, ma schiavi di se stessi anche se non avranno più il falso Dio da adorare.

7. Al manifestarsi del secondo Vivente, l'Angelo del Fuoco dirà: "Non permetterò ad alcuno di profanare il Santo Messaggio Divino. Prima che l'uomo alzi il capo dalla polvere io avrò lanciato le mie Saette sul Monte dell'Alleanza".

8. La Terra si squarcerà in due. Il Monte parlerà, ma le sue

Parole saranno nuove. Porteranno il nuovo Messaggio.

9. Al manifestarsi del terzo Vivente, l'Angelo dell'Acqua dirà: "Miei sono i mari e a ogni terra che lambiranno porteranno danno. La Potenza della mia Voce sarà sentita con il Tuono".

10. Gli uomini si chineranno alla sua potestà, ma sarà solo per poco. Incapaci di riconoscere il Segno di Dio gli rideranno e gli sputeranno.

11. Al manifestarsi del quarto Vivente, l'Angelo dell'Aria stringerà Patto di Alleanza con l'Angelo della Montagna e dirà: "Che venga fatto finalmente danno alla stirpe degli uomini. Essi non sono degni. La mia Ira non si consumerà nei secoli in eterno".

12. Il Dio Celeste si riconcilierà con il Dio terreno. Da questo momento le Forze opposte, da secoli, si uniranno per assistere alla Venuta del Regno del Figlio di Dio.

13. Dal loro Trono i Quattro Viventi emaneranno la loro Luce sui popoli della Terra e li accecheranno.

14. Il Signore Dio, l'Onnipotente, è in eterno.

L'Adunanza

1. Harmaghedon! Harmaghedon! Harmaghedon!

2. Il tuo Potente Nome verrà pronunciato nei secoli ed echeggerà in eterno.

3. L'Ira dei Santi si rivelerà agli occhi del mondo e ogni luogo avrà le sue vittime.

4. Harmaghedon! Luogo celato dal Tempo, e Sede dei Santi immolati nel Nome del Signore.

5. La Grande Cupola scenderà dal Cielo. Le nubi la nasconderanno agli occhi del profano.

6. Fulmini e Saette la proteggeranno dall'essere violata.

7. Il Monte dell'Alleanza sorgerà minaccioso sopra il Fiume che si arrosserà del sangue dei vili e dei calunniatori.

8. L'Adunanza di tutti i Santi avverrà in gran segreto, ma la Potenza di tale Giorno riecheggerà nelle vie del mondo.

9. Giustizia dovrà essere fatta.

10. Un Coro di Voci Celesti innalzerà la sua Lode dalla sommità della Montagna.

11. Una lunga fila di Angeli accompagnerà i Santi nel Luogo del Raduno prima che la Grande Cupola si riveli agli occhi dei Divini.

12. Morte! Morte! Morte! Essa segnerà il passo del lungo Corteo inondato di Luce.

13. E sarà fatto buio in ogni angolo della Terra. Il Sole non riscalderà più e la Luna sarà oscurata.

14. Nel Cielo saetteranno i Fulmini dell'Ira del Potente. Il volto umano avrà tentato di vedere il Figlio di Dio.

15. Dalla cima della Montagna egli apparirà contornato dai Fulmini e dalle Saette. Il suo Urlo sconvolgerà la Terra.

16. La Spada di Fuoco sarà nel suo pugno ed egli brandendola ferirà le terre.

17. Accanto a lui sarà assisa la Donna che assisterà allo scatenarsi della Forza di Dio.

18. Ella punterà il dito al Cielo e ordinerà al vento di non spazzare via i cadaveri dei loro nemici, poiché il loro sangue dovrà scorrere in eterno per riscattare coloro che sono stati immolati a causa delle farneticazioni delle menti degli uomini.

19. Il Dolce Luogo del Ritrovo! Che sia festa gioiosa nel Giorno della Santa Adunanza!

20. Le genti temeranno questo Giorno, poiché segnerà la loro morte e la fine dei loro peccati.

21. Harmaghedon!

22. Vegliate, o uomini, poiché non sapete né il giorno né l'ora.

23. Voi crederete di essere degni di presentarvi al cospetto dell'Ira dei Figli di Dio.

24. La Maledizione di Dio Onnipotente ricada su di voi e che la Donna possa schiacciarvi la testa, per sempre, nella polvere.

La caduta del Gigante

1. L'Angelo Possente apparirà sulla Terra. Sul capo avrà la sua Corona e la Spada di Fuoco lambirà le Acque vorticose.

2. Sia fatto Silenzio su ogni luogo della Terra e che la stirpe umana non infastidisca più il cammino degli Angeli di Fuoco.

3. L'Angelo Possente starà in mezzo ai Mari e brandirà la sua Spada. Con essa fenderà i Cieli e la grandine cadrà sulle terre assetate.

4. Gli Scorpioni avranno trovato la nuova dimora e gli uomini pregheranno per la pace dei loro sonni.

5. Le acque dei mari doneranno i loro frutti, i cadaveri dei pesci saranno il cibo dei dannati.

6. La Grande Montagna si dividerà in due. Il Tuono imponente lacererà la vallata.

7. Il Gigante si prostrerà su se stesso e le sue lacrime bagneranno la Terra. La sua fine determinerà l'inizio dei Nuovi Giorni.

8. Un Bagliore accecherà la notte e sarà la nascita di Nuovi Tempi in eterno.

9. La notte sarà uguale al giorno e la morte sarà uguale alla vita.

10. I Figli di Dio avranno preso posto sul Trono dell'Altissimo.

11. Le Trombe squilleranno nei Cieli e una Nuova Promessa sarà fatta alla Terra.

12. In quel momento non ci sarà più distinzione tra uomo e Dio, ma l'uomo potrà percorrere le Vie dei Cieli e il Dio potrà

camminare sulla Terra.

La Testimonianza

1. L'uomo si chiederà, nei secoli a venire, il perché della Vendetta di Dio.

2. Ma l'uomo non potrà comprendere il Castigo Divino, poiché egli è nato dalla polvere e a essa ritornerà senza lasciare nulla che ricordi la sua comparsa.

3. Nell'immenso deserto, che ha preso il posto di mari e fiumi, una Fiaccola risplenderà nel cielo notturno.

4. Allora le Fiere della Terra si rifugeranno nelle grotte e attenderanno il Segno.

5. Attorno alla Luce del deserto appariranno due Angeli d'immensa potenza. I loro capelli sono serpi fiammeggianti e le loro gambe colonne di fuoco. Essi celano la Parola del Signore.

6. Uno dirà all'altro: "Ingiungi, ora, alle Fiere di scatenarsi sulla faccia della Terra. Che divorino per l'eternità i peccati e che non rimanga traccia alcuna". I capelli dell'altro Angelo appariranno come una criniera di Leone e il suo volto sarà di donna.

7. "Sia fatta la tua Volontà, Figlio dell'uomo", dirà l'Angelo dal volto femminile. "Che la nostra stirpe, la Stirpe dei Divini, possa finalmente camminare sulla Terra!".

8. Dopo che l'Angelo dal volto di donna ebbe parlato, il primo Angelo muterà il suo aspetto e sul suo capo apparirà una Corona tempestata di gemme. Sulla fronte recherà un Diadema verde.

9. L'Angelo con il volto femminile dirà: "Esprimi la tua Potenza e il tuo Orgoglio in questa Notte perenne. Noi

porteremo testimonianza, con le nostre opere, della Volontà di Nostro Signore". L'Angelo con la Corona allora apparirà inondato di Gran Luce.

10. A un cenno dei Figli di Dio le Fiere della Terra si presenteranno al loro cospetto e si recheranno in direzione delle dimore degli uomini.

11. Essi busseranno alle loro porte, ma gli uomini non li faranno entrare.

12. Allora l'Angelo con la Corona segnerà sulle porte degli uomini il suo simbolo segreto e le Fiere della Terra sapranno dove placare la loro inestinguibile sete di sangue.

13. Benedetti sarete, nei secoli in eterno, Figli di Dio. Finché passo umano calpesterà la Terra la vostra immensa Potenza e Misericordia non potrà mai venir compresa.

Il Trionfo della Bestia

1. Egli sarà nei secoli e in eterno.

2. La Bestia ha vinto e siederà sul Trono.

3. Vita! Verità! Gloria!

4. La Bestia sul Trono sarà acclamata nei secoli.

5. Essa vomiterà la sua bava sul capo degli uomini e la sua coda agiterà gli abissi.

6. L'Ira furente si abbatterà sui mari e una nuova terra sorgerà tra i flutti.

7. Coloro che adoreranno la Bestia saranno i salvati.

8. La Bestia apparirà, trionfante, sulla Terra e coloro che si saranno salvati si prostreranno dinanzi a lei.

9. Coloro che recheranno il suo simbolo avranno accesso al Tempio Possente, al di là dei Mari.

10. La Casa Segreta avrà un Guardiano che mozzerà il capo a coloro che vorranno entrarvi.

11. La Bestia assisa sul Trono conterà i suoi Eletti. Essi saranno in gran numero, schiere infinite.

12. Gloria! Gloria! Gloria alla Manifestazione di Dio Onnipotente.

Il Regno della Bestia durerà in eterno, ma ecco avvicinarsi al Trono un'altra Bestia.

13. Ella sarà ancor più temibile, poiché la pietà non dimora nel suo cuore.

Il Trionfo di Babilonia

1. Le Schiere degli Eletti entreranno nella Città Santa.

2. Lode a te, Altissimo. Che le fondamenta della tua Dimora siano salde e il tuo confine infinito.

3. L'Agnello, il Toro di Luce, è la Bestia adorata in eterno. Gloria al Figlio del Signore, Egli ha portato il suo Regno nel Mondo.

4. Babilonia! Città amata e venerata dai Santi. Quanti sono i Giusti che sono morti nella tua Misericordia!

5. Ti estenderai senza confini sulla Terra, solo uno sarà il Portale.

6. Il Giusto, entrando, si troverà innanzi a due immense Colonne. Le valicherà e si troverà nel Giardino delle Delizie.

7. Non un angolo della Terra avrà mai visto una simile bellezza!

8. Il Giardino perduto apparirà agli Eletti.

9. Beati sono i Figli di Dio che hanno portato il tuo Regno, o Divino Onnipotente!

10. Gli Eletti potranno dimorare in ogni luogo della Santa Babilonia, ma pochi saranno ammessi al cospetto del Trono di Dio.

11. Il Trono sarà celato e rivelato.

12. Tra una miriade di Saette si scateneranno i Mille Tuoni e faranno apparire i Figli dell'Altissimo.

13. Egli sarà vestito di Luce, il suo corpo sarà di Sole e risplenderà in eterno.

14. Ella apparirà al suo fianco e sarà ornata di gioielli, e la

Luce del suo volto sarà pari allo Splendore di mille Soli. Reggerà nella mano una Coppa, simbolo dell'Alleanza tra l'Uomo e Dio.

15. Ella porgerà la Coppa all'Eletto ed egli sacrificherà se stesso per amore dell'Amata.

16. Beati coloro che potranno sedersi alla destra del Trono! Essi saranno coloro che avranno dato la loro vita in nome della Vita eterna.

17. Apritevi o Cieli e manifestate la Gloria di Dio su tutta la Terra! Il Regno del Figlio dell'uomo verrà sulla Terra e Babilonia potrà vivere imperturbata nei secoli in eterno.

La Fine della Gloria

1. Alzatevi, Fratelli dormienti! Il Signore ha dato il suo Segno. Andate e operate secondo la sua Volontà.

2. Ci sarà qualcuno che tenterà, con falso intendimento, di entrare nella Sacra Dimora.

3. Che non avesse mai osato!

4. Quale cosa è peggiore della Collera divina?

5. L'umano dimostrerà sottomissione, ma il suo cuore sarà animato da un altro sentimento.

6. Maledetta sia per sempre la stirpe umana. Anche dinanzi alla Prova dell'Altissimo si rivelerà reietta.

7. I Figli di Dio piangeranno, ma il loro sarà un Pianto di Sacrificio e all'orizzonte apparirà il Segno Divino.

8. Essi, prima che il loro Pianto si estenda in ogni luogo, scateneranno il Drago degli Abissi per fermare gli uomini.

9. Gli uomini saranno ciechi e tutto saranno disposti a dare pur di far valere se stessi. Il cieco e sordo orgoglio li distruggerà.

10. Gli umani saranno ricordati solo per l'ultimo subdolo gesto che compiranno al fine d'ingannare i Divini.

11. Ma i Figli dell'Altissimo non avranno pietà. Essi colpiranno le genti fino a quando una Grande Nuvola Grigia non si staglierà all'orizzonte.

12. Che gli uomini meditino sulla loro sorte. Dio li ha creati ma solamente poi per distruggerli. Sì, distruggerli, perché hanno ceduto al vizio, all'odio e all'ignoranza.

13. Io vi prego, Figli dell'Altissimo, di attendere ancora

prima di scatenare la vostra Ira sugli uomini, poiché sta scritto, nei Cieli come sulla Terra, che deve manifestarsi l'Ultimo Evento.

L'Ultima Battaglia

1. E sarà fatta la Grande Tregua. Gli uomini non molesteranno più il Sacro Tempio e i Figli Possenti non nuoceranno né ai mari né alle terre.

2. Essi si recheranno ai piedi della Montagna e le parleranno.

3. La Montagna risponderà loro con Saette e Tuoni. I Figli Eletti, allora, sapranno cosa fare.

4. Ma ecco che il Custode della Montagna scenderà a valle per comunicare loro l'Ultimo Segreto custodito dai Tempi.

5. Essi ritorneranno al Sacro Tempio, fortificati dall'Ultima Parola dell'Onnipotente.

6. Sarà pace per millecentocinquanta giorni, ma sarà troppo breve.

7. I Figli dell'Altissimo resteranno nel Sacro Tempio per offrire l'ultimo omaggio all'Altissimo.

8. Le Fiere cammineranno sulla Terra ma non recheranno danno ad alcuno.

9. Gli Scorpioni saranno allineati sulla polvere del deserto e le loro code non si agiteranno più per scatenare le fiamme.

10. Solo un Eremita attraverserà imperturbato le vie del mondo. Egli esiste da millenni ma pochi sono coloro che l'hanno visto.

11. I Cavalli Sacri, dopo che si saranno abbeverati, ingoieranno il loro cibo.

12. Babilonia sarà risplendente nel Cielo freddo del deserto e i Canti degli Eletti si leveranno a Dio.

13. L'umanità, inconsapevole, attenderà di conoscere l'esito dell'Ultima Battaglia.

La Dolce Sfida

1. Verranno ricordati gli anni a venire nel Grande Tempio degli Eletti. La Città esulterà e perenne sarà la Gioia e l'Estasi.

2. Il Cammello sarà Sacro al Tempio e camminerà liberamente per le Vie della Santa Dimora.

3. L'Arciere di Luce sarà posto a destra delle Grandi Colonne. Il suo compito sarà quello di annunciare nuovi arrivi.

4. Da una Notte illuminata a mattino ella apparirà vestita di Sole. Ella si accosterà al Sacro Trono e renderà partecipe il Principe del Mondo della sua Venuta.

5. Ella è Santa per i buoni e malvagia per i cattivi. Il suo abbraccio consolerà i disperati.

6. Madre divina! Ai tuoi piedi si prostreranno le genti ma tu non sarai colei che essi conoscono. Il tuo Santo Nome resterà inviolato in eterno.

7. Andrà la Figlia divina per le vie del mondo e vedrà l'incalcolabile numero delle genti che saranno cadute per salvare il falso nome.

8. Percepirà nel suo petto il battito del suo cuore, poiché grande sarà il dolore nel vedere gli uomini caduti. Sì, caduti, poiché sfidarono la Legge divina.

9. Ritornerà nel Sacro Tempio e porterà a lui la Dolce Novella, che nulla si potrà più salvare.

10. Allora da Figlia desolata si trasformerà in Figlia disprezzata, ed è così che la conosceranno le genti nella loro ultima ora.

11. Grande sarà il suo tormento, poiché questo regno non

sarà il suo, ma sarà negli anni a venire.

12. Si ritroverà sola nel Freddo Deserto e parlerà con il Dio suo Padre. Pregherà per la Venuta del suo Regno.

13. Ma egli la ritroverà, unica Luce nella Desolazione del Deserto, e la condurrà in Babilonia. Egli la eleverà all'Altissimo ed ella siederà sul Trono, accanto al suo.

14. La Figlia vincerà e sarà assisa sul Trono. Madre delle Tribolazioni. Ella precederà la sua Venuta e il suo Tempo... la Gran Gerusalemme Celeste.

L'Amaro Risveglio

1. Prima del Canto del Gallo da Gran Tormento sarà colta la quarta parte del mondo.

2. I fiumi si arrosseranno e le terre diverranno di fuoco.

3. La Saetta sarà lanciata alta nel cielo notturno e infiammerà i cieli.

4. Il Fuoco dominerà e l'Acqua si ritrarrà al suo arrivo.

5. Le piccole anime della Terra si rifugeranno altrove e lasceranno lo sterminio infuocato dietro di sé.

6. La Spada conficcata nella terra incomincerà a vibrare e non ci sarà popolo che non udrà la sua Potente Voce.

7. L'Ultimo Tempo sta per giungere e il Tempo della Tregua sta per scadere.

8. Delle Luci si vedranno nel cielo e segneranno l'Ora finale.

La Grande Meretrice

1. Molto sarà detto di te, Celeste Creatura dell'Altissimo. La tua Coppa sarà desiderata ma le genti subiranno il tuo disprezzo.

2. Madre adorata, Figlia amata. In te s'immergerà l'Altissimo nella Fornicazione dei Cieli.

3. Tu porgerai la Coppa ma solo i Santi potranno versare in essa il loro Sacrificio, nel nome dell'Amore.

4. Donna inviolata e conosciuta solo al Principe dei principi e al Re di tutti i re.

5. Sovrana Possente, tendi la Coppa colma del Sacrificio dei Santi all'Altissimo e onora il Dio tuo Padre Onnipotente.

6. Nel tuo Grembo nasceranno i Figli di Dio, poiché tu sei Madre e Figlia divina.

7. Il tuo antico Retaggio verrà rivelato agli occhi del mondo. Farai conoscere il tuo simbolo e la tua divina discendenza.

8. Ma nel fare questo velerai il tuo animo dall'occhio indiscreto del volgo profanatore.

9. Tu sarai per tutti l'Amata, ma nessuno sarà degno di violare il tuo Santo Nome.

10. Babalon! Il tuo Sacro Segreto è stato rivelato e la Potenza della tua Volontà perdurerà in eterno.

11. Nei Cieli apparirà la Grande Coppa. Così accadrà in Terra.

12. La vista della Grande Coppa farà male all'occhio ma tu, nella tua infinita dolcezza, rivelerai il Sacro Ricettacolo all'umanità.

13. Sarà così per Sempre.

La Fine è imminente

1. Gli uomini si prepareranno all'ultimo scontro, lo scontro finale. Essi saranno pieni d'affanno.

2. Nasconderanno le misere armi vicino a una montagna, ma esse non potranno nuocere ai Figli Celesti.

3. La Terra continuerà a tremare, poiché il Drago avrà già vomitato tutte le sue Teste sul Mondo.

4. Solo cenere rimarrà sulla Terra.

5. Ma il Mistico Giardino sarà inviolato e sarà Luogo di Salvezza.

6. Il Gran Dragone si leverà possente dalle Profondità del Mare. Le sue Teste si ergeranno maestose e minacciose.

7. Pronunceranno Parole che atterriranno gli uomini, ma queste Parole sono di Verità e Giustizia.

8. Gran Potestà è stata data al Gran Dragone. Egli parla in Nome del Signore.

9. Le sue Parole saranno di Fuoco e Fiamme ma non inceneriranno i Giusti.

10. Da Gran Terrore saranno colti gli uomini. Essi cercheranno rifugio nelle viscere della montagna.

11. L'Angelo della Spada di Fuoco sbarrerà a loro il cammino, affinché sia ancor più crudele la loro sorte.

12. Alzatevi, Bestie della Terra e dell'Acqua! Il vostro momento è prossimo.

13. Vomitate la Conoscenza di Dio Onnipotente in ogni angolo della Terra e sotto i mari.

14. La vostra Voce sarà temuta e odiata e il tormento che

coglierà le genti sarà l'inizio del Castigo Finale.

L'Ultima Verità

1. Verrà dato agli uomini del cibo nuovo, ma essi lo troveranno indigesto e lo rifiuteranno.

2. Verrà data agli uomini dell'acqua pura, ma essi la troveranno amara e non la berranno.

3. Verrà data agli uomini l'Ultima Verità, ma essi la troveranno troppo spietata e la ricuseranno.

4. Gli uomini non sapranno che così facendo segneranno la loro ultima ora.

5. La Luce della Verità accecherà gli ignoranti ed essi non vorranno più vederla.

6. Oh uomini! Avete rifiutato Dio e il suo Messaggio! Non ci sarà più pietà per voi!

7. Sarete cacciati per sempre dal luogo in cui lui vi aveva messo e perirete tra le Fiamme del Giudizio.

8. I morti usciranno dalle loro tombe e i sepolcri saranno vuoti.

9. Si troverà la tomba vuota di Colui che si pensava fosse morto.

10. I morti cammineranno sulla Terra e recheranno danno ai vivi che cercheranno di sfuggire alla Maledizione divina.

11. L'Ora è giunta! Coloro che sono passati ritorneranno e vomiteranno la loro bava verdastra sugli ultimi uomini.

12. Quant'è grande la Giustizia divina!

La Vendetta

1. Dopo che si sarà parlato d'Amore, l'Ira furente sorgerà nel Figlio di Dio.

2. Amore! Una Parola dimenticata a causa dell'ignoranza umana.

3. Né pietà né rimorsi, l'Ira implacabile si scatenerà sull'umanità.

4. Egli come un cieco si aggirerà per le vie del mondo.

5. Tu, umano, non tentare di sbarrargli il passo, poiché egli ti mieterà come la falce fa sulle messi.

6. I Cavalli bianchi avranno finito di abbeverarsi alla fontana della Grande Piazza.

7. Un drappo rosso verrà esposto nella Grande Casa.

8. Ella apparirà per le vie del mondo e sulla sua spalla sarà aggrappata la Colomba.

9. Ella porta l'Amore, ma la Colomba riverserà il suo Dolore strappando con gli artigli gli occhi degli uomini.

10. La Venuta dei Tempi sarà imminente. Essi riceveranno il Segno prima dell'Incontro sulla Grande Montagna.

11. L'Incontro segnerà l'inizio della Vendetta sugli uomini e sulla Terra dimenticata da Dio.

12. Essi saranno pronti e attenderanno il Segno che li porterà sulla cima della Grande Montagna.

13. Si approssima l'Ora ultima.

Il Giorno dell'Incontro

1. Gli Eletti si recheranno, nel Giorno della Sacra Adunanza, ai piedi della Grande Montagna.

2. I due Angeli di Luce, che avranno al posto delle gambe due colonne di fuoco, appariranno dopo che la Schiera degli Eletti avrà terminato il suo cammino.

3. Verrà proferito dinanzi ai Secoli la Sacra Parola e la Grande Montagna si aprirà.

4. Una Grande Luce apparirà agli Eletti e saranno pervasi da grande Gioia.

5. Dalla profondità luminosa della Luce apparirà una moltitudine di Angeli.

6. Essi si avvicineranno agli Eletti e si faranno riconoscere.

7. Il Sacro Simbolo riunirà i Fratelli in eterno.

8. I due Angeli di Luce si uniranno agli altri Angeli e una lunga Schiera di miriadi di Soli raggiungerà i Cieli.

9. Il Passaggio, dopo il Sacro Incontro, sarà celato agli occhi da Fulmini e Saette.

10. Il Serpente di Fuoco animerà il Cielo e si farà sentire la Voce del Possente.

11. Che sia fatta sulla Terra, come nei Cieli, la Volontà del Signore! Che questo sia il mio Segno e la mia Parola nei Secoli!

12. Un Angelo suonerà una Tromba e i Cieli saranno pronti per riversarsi sulla Terra.

13. Silenzio sarà fatto in ogni angolo della Terra. La Parola di Dio verrà pronunciata e il Verbo Divino sarà divenuto terra.

14. Apritevi o Cieli e lasciate vedere il Regno di Dio.

La Fine dell'uomo

1. Passi silenziosi si aggireranno per le vie deserte del mondo Gli uomini saranno rinchiusi nei loro rifugi e attenderanno che l'Angelo della Morte termini di segnare con il sangue il Sacro Simbolo dell'Adunanza.

2. I fuochi saranno accesi, ma le Fiere non saranno più nel deserto.

3. Nell'oscurità della notte si vedranno scintillare le lame delle spade roventi. Si attenderà il momento atteso da secoli.

4. Gli uomini pregheranno e desidereranno essere già morti. Spereranno in una morte veloce come il fulmine. Di loro resterà solo cenere al vento.

5. La lunga fila degli Angeli mandati da Dio occuperà i quattro angoli della Terra e il Sacro Simbolo dell'Alleanza apparirà nei Cieli, e tutte le Spade infuocate verranno rivolte al Signore Altissimo.

6. Gli Angeli inneggeranno Canti di Gloria e la Terra diverrà di Fuoco.

7. Gloria all'Altissimo! Gloria in questo Ultimo Giorno disperato e assetato di Giustizia!

8. Il Monte si squarcerà e il Regno di Dio si mostrerà agli uomini agonizzanti.

9. I Mille Gradini della Città Solare saranno illuminati di Gran Luce.

10. Resteranno ancora dei fuochi accesi nel deserto e la cenere dei corpi degli uomini spazzata dal vento non li spegnerà.

11. Trentasei Trombe squilleranno e Ventiquattro Grandi Seniori si disporranno al centro della Città Solare.

12. Un Vento Freddo spazzerà il ricordo di ciò che la Terra fu e con sé porterà via il ricordo degli uomini.

13. Il Regno dei Cieli s'instaurerà sulla Terra! Beati coloro che hanno vissuto nella Gioia dell'Altissimo. Di loro sarà la Vittoria e la Vita eterna.

SEZIONE MAGICA

Liber Legis

Prefazione al Liber Legis

– Il Libro della Legge: io sono la Parabola del vero e del falso! Ogni parola da me detta può essere falsità.

– Se tu ci credi, calcola: un Piano uguale al Primo, col secondo, troverai la Legge del Tre; e comprenderai ciò che il Primo ti vuole dire.

– Al di là dei presupposti, la mia è una chiave, che chiave non è; la porta è sempre aperta, la chiave non serve, ci vuole il numero.

– Calcola: stelle! pianeti! angeli! arcangeli! demoni e principi, servi di re. Una cosa unisce loro, la si divida per tre e il resto è il risultato di ciò che studierai nella tua mente.

– Sarà complicato capire come si dividono gli elementi del Mondo, trovare la loro somma e dividerla per tre; inoltre capire, qual è il risultato da studiare, sarà impossibile.

– Impara, che ciò che ti dico mi è stato riferito da fonti altissime. Mi è stato insegnato che, troppa fiducia che dà l'entusiasmo, spesso porta a una via senza ragione, motivo e uscita.

– La prima parte vi è stata detta! Ora ragiona. La seconda parte vi è stata taciuta! Ora studia la terza parte.

– Congiungi la mia verità con la tua verità, si apriranno porte, si sfasceranno vascelli, sorgerà un monte, si sentirà un tuono. Un angelo cadrà giù, per dirti ciò che disse.

– Un angelo congiunge la materia, il bene e il male, per questo ripeto: credere alla verità, scoprendo insieme la menzogna.

– Ti parlerà del Primo Dio, del tuo Dio! Popoli di Ere passate vedrai dinanzi a te. Un coro ti dirà la verità! E dall'altra parte, qualcuno conterà fino a uno! a dieci! a cento! a mille! a un milione! a un miliardo! Dividi, dividi, dividi, somma e risomma ancora, finché il resto non sarà uguale al dato.

– Una Tavola di legno o di marmo, di pietra o di roccia, numeri romani non capirai: la verità non sta neanche nei numeri! La verità è dentro la Tavola, e allora sfasciala! Con riti e con fuoco, leggi ciò che non vedi, quella è la verità.

– Intanto, sorge una nuova Dinastia e, prima che essa capisca la verità, passeranno fiumi di sangue e di sofferenze, guerre e distruzioni, invidia e arrivismo; finché una nuova arma sorgerà, e allora l'uomo si sentirà bloccato, e due Pori si dilateranno in lui: una nuova Vena che va capita.

– Una serie di numeri incompresi, questa è la Legge! Chi sa i veri numeri, i loro significati, salirà sul trono con me! Che tra i popoli, questa è la mia Parabola di Legge!

– Io la proclamo giusta e ingiusta, chi si sente salga sul trono, ma se sbaglierà un passo, cadrà nella rovina.

1

Liber Legis

1. Had! La manifestazione di Nuit.

2. La rivelazione della compagnia celeste.

3. Ogni uomo e ogni donna è una stella.

4. Ogni numero è infinito; non c'è differenza.

5. Aiutami, o signore guerriero di Tebe, nella mia rivelazione davanti ai Figli degli uomini!

6. Sii tu Hadit, il mio centro segreto, il mio cuore e la mia lingua!

7. Guarda! Ciò è rivelato da Aiwass il ministro di Hoor-paar-Kraat.

8. La Khabs è nel Khu, non il Khu nella Khabs.

9. Adora quindi la Khabs, e guarda la mia luce diffusa sopra di te!

10. Fa' che i miei servi siano pochi e segreti: essi governeranno i molti e i conosciuti.

11. Questi sono i pazzi che gli uomini adorano; entrambi i loro Dei e i loro uomini sono pazzi.

12. Venite avanti, o figli, sotto le stelle, e riempitevi a sazietà d'amore!

13. Io sono sopra di voi e in voi. La mia estasi è nella vostra. La mia gioia è vedere la vostra gioia.

14. In alto, l'azzurro ingemmato è

Lo splendore nudo di Nuit;
Ella in estasi inarcata per baciare
Gli ardori segreti di Hadit.
Il globo alato, il blu stellato,
Sono miei, o Ankh-af-na-Khonsu!

15. Ora tu saprai che il sacerdote eletto e apostolo dello spazio infinito è il sacerdote-principe, la Bestia; e alla sua donna chiamata la Donna Scarlatta è dato tutto il potere. Essi raduneranno i miei figli dentro il loro ovile: essi porteranno la gloria delle stelle nei cuori degli uomini.

16. Poiché egli è sempre un sole, ed ella una luna. Ma per lui è l'alata fiamma segreta, e per lei l'arcuata luce delle stelle.

17. Ma tu non sei così scelto.

18. Brucia sopra le loro fronti, o serpente splendente!

19. O donna dalle palpebre-azzurre, curvati sopra di loro!

20. La chiave dei rituali è nella parola segreta che io ho dato a lui.

21. Con il Dio e l'Adoratore io sono nulla: essi non mi vedono. Essi sono come sopra la terra; io sono il Cielo, e non c'è altro Dio che me, e il mio signore Hadit.

22. Ora, pertanto, io sono conosciuta a te con il mio nome Nuit, e a lui con un nome segreto che io gli darò quando alla fine egli mi riconoscerà. Giacché io sono lo Spazio Infinito, e le Stelle Infinite di esso, fai tu altrettanto. Non legare niente! Non lasciare che sia fatta differenza fra voi tra una cosa e l'altra; poiché da ciò deriva il danno.

23. Ma chi si serve di questo, fa' che sia il capo di tutto!

24. Io sono Nuit, e la mia parola è sei e cinquanta.

25. Dividi, addiziona, moltiplica, e comprendi.

26. Allora disse il profeta e schiavo del bello: Chi sono io, e quale sarà il segno? Così ella gli rispose, chinandosi in basso, una lambente fiamma di blu, toccando tutto, penetrando tutto, le sue mani graziose sopra la terra nera e il suo corpo flessuoso inarcato per amore, e i suoi piedi delicati non danneggiano i piccoli fiori: Tu sai! E il segno sarà la mia estasi, la consapevolezza della continuità dell'esistenza,

l'inframmentario fatto non-atomico della mia universalità (*l'onnipresenza del mio corpo*).

27. Allora il sacerdote rispose e disse verso la Regina dello Spazio, baciando le sue ciglia amabili, e la rugiada della luce di lei, bagnando tutto il corpo di lui in un profumo dal dolce odore di sudore: O Nuit, continuità unica del Cielo, lascia che sia sempre così; quegli uomini non parlino di Te come Una ma come Nessuna; e non lasciarli per niente parlare di te, giacché tu sei la continuità!

28. Nessuno, alitò la luce, flebile e fatata, delle stelle, e due.

29. Poiché io sono divisa per il piacere dell'amore, per la possibilità dell'unione.

30. Questa è la creazione del mondo, che la pena della divisione è come nulla, e la gioia della dissoluzione tutto.

31. Poiché questi pazzi di uomini e i loro dolori non ti badano per niente! Essi percepiscono poco; quello che è, è bilanciato da deboli gioie; ma voi siete i miei eletti.

32. Obbedisci al mio profeta! Porta a compimento le ordalie della mia conoscenza! Cerca solamente me! Allora le gioie del mio amore ti riscatteranno da ogni pena. Questo è così: io lo giuro sulla curva del mio corpo; sul mio sacro cuore e lingua; di tutto io posso dare, di tutto io desidero da tutto te.

33. Allora il sacerdote cadde in una profonda estasi o deliquio, e disse alla Regina del Cielo: Scrivi per noi le ordalie; scrivi per noi i rituali; scrivi per noi la legge!

34. Ma ella disse: io non scrivo le ordalie: i rituali saranno metà conosciuti e metà celati: la Legge è per tutti.

35. Questo che tu scrivi è il triplice libro della Legge.

36. Il mio scriba Ankh-af-na-Khonsu, il sacerdote dei principi, non cambierà questo libro in una lettera; ma per paura che ci sia follia, egli ne farà a riguardo un commento con la saggezza di Ra-Hoor-Khu-it.

37. Anche i mantra e gli incantesimi; l'obeah e la wanga; il lavoro della bacchetta e il lavoro della spada; questi egli imparerà e insegnerà.

38. Egli deve insegnare; ma egli può rendere severe le

ordalie.

39. La parola della Legge è Θελημα.

40. Chi ci chiama Thelemiti non sbaglierà, se egli guarda ma chiuso dentro la parola. Poiché là ci sono Tre Gradi, l'Eremita, e l'Amante, e l'uomo della Terra. Fa' ciò che vuoi, sarà tutta la Legge.

41. La parola del Peccato è Restrizione. O uomo! Non rifiutare la tua sposa, se ella vuole! O amante, se tu vuoi, parti! Non c'è legame che può unire i separati tranne l'amore: tutto il resto è una maledizione. Maledetto! Maledetto sia per gli eoni! Inferno.

42. Lascia stare quella condizione di moltitudine legata e ripugnante. Così con tutto te stesso; tu non hai altro diritto che fare la tua volontà.

43. Fa' ciò, e nessun altro ti dirà di no.

44. Per pura volontà, implacata di proposito, liberata dalla brama di risultato, ogni via è perfetta.

45. Il Perfetto e il Perfetto sono un Perfetto e non due; no, sono nessuno!

46. Nulla è una chiave segreta di questa legge. Sessantauno la chiamano gli Ebrei; io la chiamo otto, ottanta, quattrocento e diciotto.

47. Ma essi hanno la metà: unite dalla tua arte così che tutto scompare.

48. Il mio profeta è un folle con il suo uno, uno, uno; essi non sono il Bue, e nessuno dal Libro?

49. Sono abrogati tutti i rituali, tutte le ordalie, tutte le parole e i segni. Ra-Hoor-Khuit ha preso il suo posto nell'Est all'Equinozio degli Dei; e lascia Asar con Isa, che pure sono uno. Ma essi non sono di me. Lascia che Asar sia l'adoratore, Isa la sofferente; Hoor nel suo segreto nome e splendore è il Sovrano iniziatore.

50. C'è una parola da dire per il compito Ierofantico. Guarda! Ci sono tre ordalie in una, e può essere data in tre modi. Il grossolano deve passare attraverso il fuoco; fa' che il fine sia sperimentato nell'intelletto, e i sublimi eletti nel più

alto. Così tu hai stella e stella, sistema e sistema; non lasciare che uno conosca bene l'altro!

51. Ci sono quattro porte per un palazzo; il pavimento di quel palazzo è d'argento e d'oro; lapislazzuli e diaspro sono là; e tutti i profumi rari; gelsomino e rosa, e gli emblemi della morte. Lascialo entrare in giro oppure a una delle quattro entrate; lascialo stare sul pavimento del palazzo. Egli non sprofonderà? Amn. Ho! guerriero, se il tuo servo sprofonda? Ma ci sono modi e modi. Perciò sii attraente: vestiti tutto in elegante abbigliamento; mangia cibi prelibati e bevi vini dolci e vini che spumeggiano! Inoltre, riempiti a sazietà e volontà d'amore come tu vuoi, quando, dove e con chi vuoi tu! Ma sempre in me.

52. Se questo non fosse giusto; se tu confondi i punti-spaziali, dicendo: Essi sono uno; oppure dicendo, Essi sono molti; se il rituale non fosse sempre in me: allora aspettati i terribili giudizi di Ra-Hoor-Khuit!

53. Questo rigenererà il mondo, il piccolo mondo mia sorella, mio cuore e mia lingua, al quale io invio questo bacio. Anche, o scriba e profeta, sebbene tu sia dei principi, esso non ti allevierà né ti assolve. Ma l'estasi e la gioia della terra siano tue: sempre Per me! Per me!

54. Non cambiare tanto lo stile di una lettera; poiché osserva! Tu, o profeta, non vedrai tutti questi misteri nascosti in ciò.

55. Il figlio delle tue viscere, *egli* li osserverà.

56. Non aspettarlo dall'Est, né dall'Ovest; poiché da nessuna casa supposta viene quel figlio. Aum! Tutte le parole sono sacre e tutti i profeti sono veri; salva solo essi che capiscono un poco; risolvi la prima metà dell'equazione, lascia la seconda inattaccata. Ma tu hai tutto nella luce chiara, e un po', sebbene non tutto, nell'oscurità.

57. Invocami sotto le mie stelle! Amore è la legge, amore sotto la volontà. E non lasciare che i pazzi fraintendano l'amore; poiché c'è amore e amore. C'è la colomba, e c'è il serpente. Scegli bene! Egli, il mio Profeta, ha scelto,

conoscendo la legge della fortezza, e il grande mistero della Casa di Dio. Tutte queste vecchie lettere del mio Libro sono esatte; ma Tzaddi non è la Stella. Anche questo è segreto: il mio Profeta lo rivelerà al saggio.

58. Io do gioie inimmaginabili sulla terra: certezza, non fede, fintanto che in vita, sopra la morte; pace ineffabile, riposo, estasi; né io domando alcunché in sacrificio.

59. Il mio incenso è di legni e gomme resinose; e dentro non c'è sangue: a causa dei miei capelli gli alberi dell'Eternità.

60. Il mio numero è 11, come tutti i loro numeri che sono di noi. La Stella a Cinque Punte, con un Cerchio nel Mezzo, e il cerchio è Rosso. Il mio colore è nero per il cieco, ma il blu e l'oro sono visti dal vedente. Io ho anche una gloria segreta per coloro che mi amano.

61. Ma amare me è meglio d'ogni cosa: se sotto le stelle-notturne nel deserto tu ora bruci davanti a me il mio incenso, invocandomi con un cuore puro, e in cui fiammeggia il Serpente, tu verrai a giacere un poco nel mio seno. Per un bacio allora tu sarai disposto a dare tutto; ma chi darà una particella di polvere perderà tutto in quell'ora. Tu radunerai beni e quantità di donne e di spezie; tu indosserai ricchi gioielli; tu supererai le nazioni della terra per splendore e orgoglio; ma sempre per amore di me, e così tu verrai alla mia gioia. Ti ingiungo di presentarti ardentemente davanti a me con un'unica veste, e coperto da una ricca acconciatura. Io ti amo! Io ti desidero! Pallido o purpureo, velato o voluttuoso, io che sono tutta piacere e porpora, ed ebbrezza del senso più intimo, ti desidero. Spiega le ali, e suscita dentro di te lo splendore ravvolto in spire: vieni a me!

62. A tutti i miei incontri con te la sacerdotessa dirà – e i suoi occhi bruceranno con desiderio quando starà nuda e felice nel mio tempio segreto – A me! A me! evocando la fiamma dei cuori di tutti nel suo canto d'amore.

63. Cantami l'estatica canzone d'amore! Bruciami profumi! Indossa gioielli per me! Bevi per me, poiché io ti amo! Io ti amo.

64. Io sono la figlia del Tramonto dalle palpebre blu; io sono il nudo splendore del voluttuoso cielo-notturno.

65. A me! A me!

66. La Manifestazione di Nuit è a una fine.

2

Liber Legis

1. Nu! Il nascondiglio di Hadit.

2. Venite! voi tutti, e apprendete il segreto che non è stato ancora rivelato. Io, Hadit, sono il complemento di Nu, la mia sposa. Io non sono esteso, e Khabs è il nome della mia Casa.

3. Nella sfera io sono ovunque il centro, mentre ella, la circonferenza, non si trova in nessun luogo.

4. Tuttavia ella sarà conosciuta ed io mai.

5. Guarda! I rituali del vecchio tempo sono neri. Lascia che i cattivi vengano gettati via; lascia che i buoni vengano purificati dal Profeta! Allora questa Conoscenza andrà nel giusto modo.

6. Io sono la fiamma che brucia nel cuore di ogni uomo, e nel nucleo di ogni stella. Io sono Vita, e il datore di Vita, tuttavia per questo la conoscenza di me è la conoscenza della morte.

7. Io sono il Mago e l'Esorcista. Io sono l'asse della ruota, e il cubo nel cerchio. "Vieni in me" è una parola insensata: poiché sono io che vado.

8. Chi adorava Heru-pa-Kraath ha adorato me; male, poiché io sono l'adoratore.

9. Ricordate voi tutti che l'esistenza è pura gioia; che tutti i dolori non sono altro che ombre; passano e sono finiti; ma c'è

quello che rimane.

10. O Profeta! Tu hai cattiva volontà per imparare questo scritto.

11. Ti vedo odiare la mano e la penna; ma io sono più forte.

12. Perché di me in Te quello tu non conoscesti.

13. Per quale ragione? Perché tu eri il conoscitore, e me.

14. Ora lascia che ci sia una velatura di questo santuario: ora fa' che la luce divori gli uomini e li consumi con cecità!

15. Poiché io sono Perfetto, Non essendo; e il mio numero è nove per i pazzi; ma con il giusto io sono otto, e uno in otto: Che è vitale, poiché in verità io sono nessuno. L'Imperatrice e il Re non sono di me; poiché c'è un altro segreto.

16. Io sono l'Imperatrice e lo Ierofante. Di conseguenza undici, come la mia sposa è undici.

17. Ascoltami, tu popolo di sospiri!
I dispiaceri della pena e del rimpianto
Sono lasciati ai morti e ai morenti,
La gente che ancora non mi conosce.

18. Questi sono morti, questi individui; essi non sentono. Noi non siamo per il misero e il triste: i signori della terra sono i nostri parenti.

19. Un Dio vive in un cane? No! Ma i più alti sono di noi. Essi si rallegreranno, i nostri scelti: chi è afflitto non è di noi.

20. Bellezza e vigore, risonanti risate e dolci languori, forza e fuoco, sono di noi.

21. Noi non abbiamo nulla con i reietti e gli indegni: lascia che muoiano nella loro miseria. Poiché essi non sentono. La compassione è il vizio dei re: calpesta gli infelici e i deboli: questa è la legge del forte: questa è la nostra legge e la gioia del mondo. Non pensare, o Re, su quella bugia: Che Tu Devi Morire: in verità tu non dovrai morire, ma vivere. Ora lascia che sia compreso: Se il corpo del Re si dissolve, egli rimarrà per sempre in pura estasi. Nuit! Hadit! Ra-Hoor-Khuit! Il Sole, Forza e Vista, Luce; questi sono per i servi della Stella e del Serpente.

22. Io sono il Serpente che dà Conoscenza e Delizia e

luminosa gloria, e attizzo i cuori degli uomini con l'ebbrezza. Per adorarmi prendi vino e strane droghe di cui io racconterò al mio profeta, e sii ubriaco di conseguenza! Essi non ti faranno alcun male. È una bugia, questa follia contro se stessi. L'esposizione dell'innocenza è una bugia. Sii forte, o uomo! Brama, godi tutte le cose del senso e del rapimento: non temere che per questo alcun Dio ti rinneghi.

23. Io sono solo: non c'è Dio dove io sono.

24. Guarda! Questi sono misteri gravi; poiché ci sono anche dei miei amici che sono eremiti. Ora non pensare di trovarli nella foresta o sulla montagna; ma in letti di porpora, accarezzati da magnifiche bestie di donne con grandi membra, e fuoco e luce nei loro occhi, e ammassi di capelli fiammeggianti attorno a loro; là tu li troverai. Tu li vedrai alla guida, in armate vittoriose, a tutte le gioie; e ci sarà in loro una gioia un milione di volte più grande di questa. Guardati affinché l'uno non forzi l'altro, Re contro Re! Amatevi l'un l'altro con cuori ardenti; calpesta gli uomini volgari nella furiosa brama del tuo orgoglio, nel giorno della tua collera.

25. Voi siete contro il popolo, O miei eletti!

26. Io sono il Serpente segreto avvolto a spirale pronto a scattare: nelle mie spire c'è la gioia. Se io sollevo il mio capo, io e la mia Nuit siamo uno. Se io abbasso il mio capo, e lancio in avanti il veleno, allora c'è estasi della terra, ed io e la terra siamo uno.

27. C'è grande pericolo in me; poiché chi non comprenderà queste rune commetterà un grande sbaglio. Egli precipiterà giù dentro l'abisso chiamato Perché, e là egli perirà con i cani della Ragione.

28. Ora una maledizione sopra Perché e la sua stirpe!

29. Possa essere Perché maledetto per sempre!

30. Se Volontà si ferma e grida per quale motivo, invocando Perché, allora Volontà si ferma e non fa niente.

31. Se Potere chiede per quale motivo, allora Potere è debolezza.

32. Anche la ragione è una bugia; poiché c'è un fattore

infinito e ignoto; e tutte le loro parole sono saggiamente-deviate.

33. Basta di Perché! Egli sia dannato come un cane!

34. Ma tu, o mio popolo, sollevati e destati!

35. Fa' che i rituali siano svolti correttamente con gioia e bellezza!

36. Ci sono rituali degli elementi e feste dei tempi.

37. Una festa per la prima notte del profeta e della sua sposa!

38. Una festa per i tre giorni in cui fu scritto il Libro della Legge.

39. Una festa per Tahuti e il figlio del profeta... segreto, O Profeta!

40. Una festa per il Rituale Supremo, e una festa per l'Equinozio degli Dei.

41. Una festa per il fuoco e una festa per l'acqua; una festa per la vita e una festa anche più grande per la morte!

42. Una festa ogni giorno nei vostri cuori nella gioia della mia estasi!

43. Una festa ogni notte in Nu, e il piacere della suprema delizia!

44. Sì! Festa! Allegria! Non c'è terrore dopo. C'è la dissoluzione, e l'eterna estasi nei baci di Nu.

45. C'è morte per i cani.

46. Hai fallito? Sei dispiaciuto? C'è paura nel tuo cuore?

47. Dove ci sono io questi non ci sono.

48. Non commiserare i caduti! Io non li ho mai conosciuti. Io non sono per loro. Io non consolo: io odio i consolati e i consolatori.

49. Io sono unico e conquistatore. Io non sono degli schiavi che periscono. Essi siano dannati e morti! Amen. (Questo è del 4: c'è un quinto che è invisibile, e là io sono come un bambino in un uovo).

50. Io sono blu e oro nella luce della mia sposa: ma il bagliore rosso è nei miei occhi; e le mie pagliuzze lucenti sono porpora e verde.

51. Porpora oltre la porpora: essa è la Luce più alta che la vista.

52. C'è un velo: quel velo è nero. È il velo della donna modesta; è il velo del dolore, e il drappo della morte: nessuno di questi è di me. Strappa via quello spettro menzognero dei secoli: non velare i tuoi vizi in parole virtuose: questi vizi sono la mia funzione; tu fai bene, ed io voglio ricompensarti adesso e dopo.

53. Non temere, o Profeta, quando queste parole sono dette, tu non sarai addolorato. Tu sei enfaticamente il mio scelto; e benedetti siano gli occhi che tu guarderai con gioia. Ma io ti nasconderò in una maschera di dolore: essi che ti vedono temeranno che tu sia caduto: ma io ti rialzerò.

54. E essi non grideranno forte la loro follia che tu il più misero a niente servi; tu lo rivelerai: tu servirai: essi sono gli schiavi del Perché: Essi non sono di me. Le pause come tu vuoi; le lettere? Non cambiarle in stile o in valore!

55. Tu otterrai l'ordine e il valore dell'Alfabeto Inglese; tu scoprirai nuovi simboli da attribuirgli.

56. Andatevene! voi beffeggiatori; anche se voi ridete in mio onore voi non riderete a lungo: poi quando voi siete tristi sappiate che io vi ho abbandonato.

57. Colui che è giusto sarà ancora giusto; colui che è lordo sarà ancora lordo.

58. Sì! Non pensare al cambiamento: tu sarai come sei, e non altro. Perciò i Re della terra saranno Re per sempre: gli schiavi serviranno. Non c'è nessuno che sarà buttato giù o tirato su: tutto è sempre come era. Tuttavia ci sono miei servi mascherati: può essere che quel mendicante sia un Re. Un Re può scegliere il suo indumento come vuole: non c'è nessuna prova sicura: ma un mendicante non può nascondere la sua povertà.

59. Stai attento dunque! Ama tutti, forse in questo modo un Re è nascosto! Tu dici così? Pazzo! Se egli fosse un Re, tu non potresti ferirlo.

60. Perciò colpisci forte e basso, e all'inferno con loro,

maestro!

61. C'è una luce davanti ai tuoi occhi, o profeta, una luce indesiderata, molto desiderabile.

62. Io sono elevato nel tuo cuore; e i baci delle stelle piovono fitti sopra il tuo corpo.

63. Tu sei esausto nella voluttuosa pienezza dell'inspirazione; l'espirazione è più dolce della morte, più rapida e ridicola di una carezza dello stesso verme dell'inferno.

64. Oh! Tu sei sopraffatto: noi siamo sopra di te; la nostra delizia è tutta sopra di te: salute! salute: profeta di Nu! profeta di Had! profeta di Ra-Hoor-Khu! Ora gioisci! Ora vieni nella nostra estasi e splendore! Vieni nella nostra pace appassionata, e scrivi parole soavi per i Re!

65. Io sono il Maestro: tu sei l'Unico Sacro Eletto.

66. Scrivi, e trova estasi nello scrivere! Lavora, e sii il nostro letto nel lavorare! Entusiasmati con la gioia della vita e della morte! Ah! la tua morte sarà leggiadra: chi la vede sarà lieto. La tua morte sarà il sigillo della promessa del nostro amore eterno. Vieni! solleva il tuo cuore e gioisci! Noi siamo uno; noi siamo nessuno.

67. Resisti! Resisti! Sostieniti nella tua estasi; non cadere in svenimento dai baci eccellenti!

68. Più forte! Tieniti su! Alza la tua testa! Non respirare così profondamente... muori!

69. Ah! Ah! Che cosa io provo? La parola è esaurita?

70. C'è aiuto e speranza in altre formule. La Saggezza dice: sii forte! Allora tu potrai sostenere una maggiore gioia. Non essere animale; purifica il tuo piacere inebriante! Se tu bevi, bevi con le otto e novanta regole dell'arte: se tu ami, eccedi in delicatezza; e se non sei affatto gioioso, fa' che ci sia finezza!

71. Ma eccedi! eccedi!

72. Sforzati sempre al massimo! E se tu sei veramente mio... e non dubitarlo, e se tu sei sempre gioioso!... la morte è la corona di tutto.

73. Ah! Ah! Morte! Morte! Tu desidererai la morte. La morte è proibita, o uomo, per te.

74. La lunghezza del tuo desiderio sarà la potenza della sua gloria. Colui che vive a lungo e desidera molto la morte è sempre il Re tra i Re.

75. Sì! Ascolta i numeri e le parole:

76. 4 6 3 8 A B K 2 4 A L G M O R 3 Y X 24 89 R P S T O V A L. Che cosa significa questo, o profeta? Tu non lo sai; né mai lo saprai. Viene uno dopo di te: egli esporrà questo. Ma ricorda, o eletto, di essere me; di seguire l'amore di Nu nel cielo stellato; di guardare avanti sopra gli uomini, di raccontare loro questa parola felice.

77. Oh! che tu sia fiero e potente tra gli uomini!

78. Solleva te stesso! poiché non c'è nessuno simile a te tra gli uomini o tra gli Dei! Solleva te stesso, o mio Profeta, la tua statura sorpasserà le stelle. Essi adoreranno il tuo nome, quadrato, mistico, magnifico, il numero dell'uomo; e il nome della tua Casa 418.

79. La fine dell'occultamento di Hadit; e benedizione e adorazione al Profeta della bella Stella!

3

Liber Legis

1. Abrahadabra; la ricompensa di Ra-Hoor-Khut.

2. C'è divisione da qui verso Casa; c'è una parola non conosciuta. La grafia è defunta; tutto non è alcuna cosa. Attento! Fermati! Innalza la formula di Ra-Hoor-Khuit!

3. Ora fa' che sia principalmente sottinteso che io sono un dio di Guerra e di Vendetta. Io con loro tratterò severamente.

4. Scegliti un'isola!

5. Fortificala!

6. Cingila con l'ingegneria bellica!

7. Io ti darò una macchina da guerra.

8. Con essa tu colpirai i popoli; e nessuno starà davanti a voi.

9. Celati! Ritirati! Sopra di loro! Questa è la Legge della Battaglia della Conquista: così la mia adorazione sarà attorno alla mia Casa segreta.

10. Procurati la Stélé della Rivelazione; ponila nel tuo tempio segreto – e quel tempio è già correttamente disposto – e sarà il tuo Kiblah per sempre. Essa non scolorirà, ma il colore miracoloso ritornerà a essa giorno dopo giorno. Custodiscila in un vetro chiuso per una prova al mondo.

11. Questa sarà la tua sola prova. Io proibisco la discussione. Vincere! Ciò è sufficiente. Io ti renderò facile

l'estrazione dalla casa ordinata male nella Città Vittoriosa. Tu stesso la trasporterai con adorazione, o Profeta, sebbene tu non lo gradirai. Tu avrai pericolo e tormento. Ra-Hoor-Khu è con te. Adorami con fuoco e sangue; adorami con spade e con lance. Fa' che la donna sia cinta con una spada davanti a me: fa' scorrere il sangue nel mio nome. Calpesta a terra il Selvaggio; sii sopra di loro, o guerriero, io ti darò la loro carne da mangiare!

12. Sacrifica bestiame, piccolo e grande; dopo un bambino.

13. Ma non ora.

14. Voi vedrete quell'ora, o Bestia benedetta e tu Concubina Scarlatta del suo desiderio!

15. Voi sarete tristi di ciò.

16. Non credere troppo ardentemente di cogliere le promesse; non temere di subire le maledizioni. Tu, perfino tu, non conosci tutto questo significato.

17. Non temere affatto; non temere né uomini, né Destini, né dèi, né alcuna altra cosa. Non temere il denaro, né il riso della gente pazza, né alcun altro potere in cielo o sopra la terra o sotto la terra. Nu è il tuo rifugio come Hadit la tua luce; ed io sono l'energia, la forza, il vigore, delle tue braccia.

18. Fa' che la misericordia sia lontano: maledici coloro che hanno pietà! Uccidi e tortura; non risparmiarli; sii sopra di loro!

19. Codesta Stélé essi la chiameranno l'Abominio della Desolazione; calcola bene il suo nome, e sarà per te come 718.

20. Per quale motivo? A causa del crollo di Perché, che egli non è là di nuovo.

21. Erigi la mia immagine nell'Est: tu ti acquisterai un'immagine nella quale io ti apparirò, speciale, non diverso dall'uno che tu conosci. E sarà per te improvvisamente facile fare questo.

22. A mio sostegno raduna attorno a me le altre immagini: fa' che tutte siano adorate, poiché esse si raggrupperanno per esaltarmi. Io sono il visibile oggetto da adorare; gli altri sono segreti; poiché essi sono per la Bestia e la sua Sposa: e per i vincitori dell'Ordalia X. Che cosa significa? Tu lo saprai.

23. Come profumo mescola farina e miele e densi residui di vino rosso: inoltre olio di Abramelin e olio di oliva, e poi ammorbidisci e liscia con nutriente sangue fresco.

24. Il sangue migliore è della luna, mensilmente: inoltre il sangue fresco di un bambino, oppure gocciolante dalla schiera del cielo: poi dei nemici; poi del sacerdote oppure degli adoratori: per ultimo di qualche bestia, non importa quale.

25. Brucia questo: di questo fa' dolci e mangia per me. Questo ha anche un altro uso; fa' che sia posto di fronte a me, e conservato denso con i profumi della tua preghiera: esso diverrà pieno di scarabei com'era e di animali striscianti sacri a me.

26. Uccidi questi, nominando i tuoi nemici; ed essi cadranno davanti a te.

27. Anche questi genereranno lussuria e potere di brama in te nell'atto di mangiarli.

28. Anche voi sarete forti in guerra.

29. Inoltre, essi siano trattenuti a lungo, è meglio; poiché essi cresceranno con la mia forza. Tutti davanti a me.

30. Il mio altare è di traforato ottone lavorato: brucia su ciò in argento o oro!

31. Là arriva un uomo ricco dall'Ovest che verserà il suo oro sopra di te.

32. Da oro forgia acciaio!

33. Sii pronto a fuggire oppure a colpire!

34. Ma il tuo sacro posto resterà inviolato attraverso i secoli: anche se venisse bruciato con il fuoco e frantumato con la spada, tuttavia là si trova una Casa invisibile, e si troverà fino alla caduta del Grande Equinozio; quando Hrumachis sorgerà e il doppio-bastone uno assume il mio trono e posto. Un altro Profeta sorgerà, e porterà dai cieli una nuova febbre; un'altra donna risveglierà la brama e l'adorazione del Serpente; un'altra anima di Dio e Bestia si mescolerà nel Sacerdote scettrato; un altro sacrificio macchierà la tomba; un altro Re regnerà; e la benedizione non sia più elargita al Signore mistico dalla testa di Falco!

35. La metà della parola di Heru-ra-ha, chiamata Hoor-pa-Kraat e Ra-Hoor-Khut.

36. Poi il profeta disse al Dio:

37. Io ti adoro nella canzone...

Io sono il Signore di Tebe, e io
    L'ispirato evidente-parlatore di Mentu;
Per me si dirada il cielo velato,
    Il suicida Ankh-af-na-Khonsu
Le parole del quale sono verità. Io invoco, io saluto
    La tua presenza, O Ra-Hoor-Khuit!

Unità suprema dimostrata!
    Io adoro la potenza del Tuo respiro,
Dio supremo e terribile,
    Che facesti gli dèi e la morte
Tremare davanti a Te:...
    Io, io ti adoro!

Appari sul trono di Râ!
    Apri le vie del Khu!
Rischiara le vie del Ka!
    Le vie della Khabs scorrono attraverso
Per agitarmi o placarmi!
    Aum! Lascia che mi riempia!

38. Così che la tua luce è in me; e la sua fiamma rossa è come una spada nella mia mano per eseguire il tuo ordine. C'è una porta segreta che io farò per stabilire la tua via in tutti i punti cardinali (queste sono le adorazioni, come tu hai scritto), com'è detto:

La luce è mia; i suoi raggi mi consumano:
    Io ho fatto una porta segreta
Nella Casa di Râ e Tum,
    Di Khepra e di Ahathoor.

Io sono il tuo Tebano, O Mentu,
Il profeta Ankh-af-na-Khonsu!

Con Bes-na-Maut io batto il mio petto;
Con la saggia Ta-Nech io preparo la mia formula.
Mostra il tuo splendore-stellato, O Nuit!
Ordinami di fermarmi nella tua Casa,
O serpente alato di luce, Hadit!
Rimani con me, Ra-Hoor-Khuit!

39. Tutto questo e un libro per dire in che modo tu venisti qui e una riproduzione di questo inchiostro e carta per sempre – poiché in esso è la parola segreta e non solo in Inglese – e il tuo commento su questo, il Libro della Legge, sarà stampato in un bellissimo inchiostro rosso e nero su della bella carta fatta a mano; e per ogni uomo e donna che tu incontrasti, che sia stato soltanto per pranzare o per brindare con loro, ciò è per dare la Legge. Allora essi potranno cogliere l'occasione di dimorare in questa felicità oppure no; non c'è differenza. Fallo subito!

40. Ma il lavoro del commento? Quello è facile; e Hadit bruciando nel tuo cuore renderà rapida e sicura la tua penna.

41. Stabilisci nella tua Kaaba un ufficio: tutto deve essere fatto bene e come negli affari.

42. Le ordalie che tu stesso sorveglierai, risparmiano solo i ciechi. Nessuno rifiuta, ma tu riconoscerai e distruggerai i traditori. Io sono Ra-Hoor-Khuit; ed io sono potente per proteggere il mio servo. Il successo è la tua prova: non discutere; non convertire; non parlare troppo! Coloro che cercano d'intrappolarti, di sopraffarti, attaccali senza pietà o quartiere; e distruggili totalmente. Veloce come un serpente calpestato girati e colpisci! Sii ancora più micidiale di lui! Trascina in giù le loro anime in terrificanti tormenti: ridi alla loro paura: sputa sopra di loro!

43. Fa' che la Donna Scarlatta stia in guardia! Se pietà e compassione e tenerezza visitano il suo cuore; se ella abbandona il mio lavoro per trastullarsi con le vecchie

dolcezze; allora la mia vendetta sarà conosciuta. Io ucciderò me, il suo bambino: io alienerò il suo cuore: io la caccerò fuori dagli uomini: come una rifugiata e disprezzata prostituta ella striscerà attraverso le strade bagnate del crepuscolo, e morirà fredda e affamata.

44. Ma lascia che risorga lei stessa in fierezza! Lascia che mi segua nella mia via! Lascia che lei operi il lavoro della perfidia! Lascia che lei uccida il suo cuore! Lascia che lei sia di voce alta e adultera! Lascia che lei sia rivestita con gioielli, e ricchi ornamenti, e lascia che lei sia spudorata di fronte a tutti gli uomini!

45. Allora io la solleverò al pinnacolo del potere: allora io genererò da lei un bambino più potente di tutti i re della terra. Io la riempirò di gioia: con la mia forza ella vedrà e accederà all'adorazione di Nu: ella conseguirà Hadit.

46. Io sono il Sovrano guerriero dei Quaranta: gli Ottanta s'inchinano davanti a me e sono umiliati. Io ti porterò alla vittoria e alla gioia: io sarò al tuo fianco in battaglia e tu avrai piacere a uccidere. Successo è la tua prova; coraggio è la tua armatura; vai avanti, vai avanti, nella mia forza; e tu non ritornerai indietro per nessuno!

47. Questo libro sarà tradotto in tutte le lingue: ma sempre con l'originale nella scrittura della Bestia; come nella possibilità di cambiare la forma delle lettere e la loro posizione l'una con l'altra: in queste ci sono misteri che nessuna Bestia divinerà. Non lasciarlo cercare di tentare: ma verrà uno dopo di lui, io non dico da dove, che scoprirà la Chiave di tutto. Allora questa linea tracciata è una chiave: allora questa quadratura del cerchio nel suo fallimento è anche una chiave. E Abrahadabra. Sarà il suo bambino e ciò stranamente. Non lasciarlo cercare dopo ciò; poiché solamente con ciò egli può cadere da esso.

48. Ora questo mistero delle lettere è compiuto, ed io voglio andare avanti verso il posto più sacro.

49. Io sono in una quadruplice parola segreta, la bestemmia contro tutti gli dèi degli uomini.

50. Maledicili! Maledicili! Maledicili!

51. Con la mia testa di Falco io becco gli occhi di Gesù mentre è appeso sopra la croce.

52. Io sbatto le mie ali sulla faccia di Maometto e lo acceco.

53. Con i miei artigli io strappo la carne dell'Indiano e del Buddista, del Mongolo e del Din.

54. Bahlasti! Ompehda! Io sputo sui vostri crepulosi credi.

55. Fa' che Maria inviolata sia squarciata su ruote: per amore suo fa' che tutte le donne caste siano totalmente disprezzate tra di voi!

56. Anche per amore della bellezza e dell'amore!

57. Disprezza anche tutti i codardi; i soldati professionisti che non osano combattere, ma si divertono; disprezza tutti i pazzi!

58. Ma gli appassionati e gli orgogliosi, i reali e gli elevati; ti sono fratelli!

59. Come fratelli combattete!

60. Non c'è nessuna legge al di sopra di Fa' ciò che vuoi.

61. C'è una fine della parola del Dio insediato nel seggio di Râ, illuminando le travi dell'anima.

62. A Me fai la tua reverenza! A Me vieni attraverso la tribolazione dell'ordalia, che è beatitudine.

63. Il pazzo ha letto questo Libro della Legge, e il suo commento; e non l'ha capito.

64. Fa' che passi attraverso la prima ordalia, e sarà per lui come argento.

65. Attraverso la seconda, oro.

66. Attraverso la terza, pietre di acque preziose.

67. Attraverso la quarta, definitive scintille del fuoco intimo.

68. Tuttavia a tutti sembrerà bello. I suoi nemici che non dicono così, sono semplici bugiardi.

69. C'è successo.

70. Io sono la Testa di Falco Signore del Silenzio e del Potere; il mio nemyss vela il cielo blu-notte.

71. Salve! voi gemelli guerrieri accanto ai pilastri del mondo! poiché il vostro tempo è imminente.

72. Io sono il Signore della Doppia Bacchetta del Potere; la bacchetta della Forza di Coph-Nia... ma la mia mano sinistra è vuota, poiché io ho frantumato un Universo; e niente rimane.

73. Incolla i fogli dalla destra alla sinistra e dall'alto al basso: allora osserva!

74. C'è uno splendore nel mio nome nascosto e glorioso, come il sole di mezzanotte è sempre il figlio.

75. La fine delle parole è la Parola Abrahadabra.

Il Libro della Legge è Scritto
e Nascosto.

Aum. Ha.

Liber AHBH

Prefazione al Liber AHBH

Punto I

– La Spada, essa è il Potere. Quando mio Figlio la sguainerà, cadranno i Potenti, un nuovo Regno sorgerà, il Regno della Forza. Tu lo sai che cos'è la Spada? È la Kundalini, ma non Kundalini a livello microcosmico né macrocosmico, è al livello del 15. Quando essa sarà sguainata... Mahapralaya!

– Ora comprendi che cos'è il Mahapralaya, è anche il Terzo Occhio, ma ciò è errato, è una Voragine, è l'Uovo nel cui Sonno sprofondano i mondi prima della loro rinascita. Quindi attento! In me c'è una grande Gioia per chi riesce a comprendere: 3, 12, 93, 118, 444, 666, 868, 1001. Questi sono i nuovi numeri che sono al di là del presente Eone.

– Questo è il fondamento su cui basa il Diamante; le fondamenta sono state gettate, ora rimane la costruzione. Nulla vi è oltre il Nulla, il Figlio è uguale al Padre e il Padre è uguale alla Madre per il realizzarsi del miracolo della Sostanza Unica. HRMS, lettere celanti il Diamante, il doppio orizzonte. Chi non comprende queste parole non comprenderà mai IHO, lettere celanti il nuovo nome segreto, ma il nome segreto è stato abrogato, il nuovo nome è NHR. E' tutto riassunto anche in un unico nome LM, HM, questa è l'unione.

– Il Tempo sta per scadere, prendi visione di me. Gioisci, godi la Gloria del Mondo. AL, AM, sono pure illusioni; tutto ciò che io ti dico va al di là del presente Eone. Presto il mondo vedrà la Gloria di mio Figlio. Maledetto che sia l'uomo che rinnega se stesso, la nuova Legge, questa è la Legge. Guarda l'infinito e comprenderai il finito; ciò che io ti dico tu lo sai che cos'è? È il nuovo Tantra.

Punto II

– Guarda la Terra, e comprendi la sua Gloria avvolta da una Cortina di Fuoco. O Uomo! come è misera la tua sorte; guarda il giusto, non adorare falsi dèi, perché se questo tu farai, cadrai in errore. Il Pentagramma è uguale all'Esagramma e l'Eptagramma non esiste. È follia. Prendi del sangue, impastalo e bevilo, brucialo, ardi nella Fiamma; soltanto così potrai adorarmi.

– Non esiste dio ma l'Uomo, questa è la Legge, la Legge cosmica della Gioia e della Verità nella Casa di Maat. Egli non è morto, egli è vivo; ecco si siede sul Trono. Egli è mio Figlio, l'Erede del Tempo e dei Giorni che verranno. Per entrare nella Piramide abbatti la Porta, scoprirai che il Drago era dormiente sotto le Acque.

– Guarda! Questa è la mia Gloria; le Stelle io darò a chi mi conosce. Il mio Figlio è morto, ma non ha importanza, l'altro mio Figlio è vivo. Trema o Terra! perché i Cieli si aprono e si sentirà la Voce del Possente. Le Trombe squilleranno per annunciare il suo arrivo, i servi s'inchineranno; la Luna è calata, il Sole si è spento; soltanto le Stelle ora brillano e la loro Luce illuminerà il Mondo. Ora nelle sue spire sta soltanto il veleno, l'elixir è stato bruciato, i falsi profeti uccisi, il Leone è morto e mai più rinascerà.

– In queste rune c'è una grande Gioia per chi le comprende, ma io ti dico questo: soltanto i Servi del Potente le comprenderanno, ma essi non sono servi, essi sono Re! Il loro numero è 12 ed essi regneranno sulle Dodici Regioni dei Cieli, le Stelle saranno ai loro piedi ed essi s'innalzeranno sopra i Cieli. Ma ci sarà ancora qualche folle che oserà sguainare la spada contro di loro. Sciocco! era meglio per lui che non fosse mai nato.

– Mio Figlio è vivo, ma il Sole è morto, ora inizia il suo lungo viaggio nella Terra Nascosta. Nessuno oserà sbarrargli il cammino, questa è la nuova Legge, questa è la mia Legge. Il mio numero è 41, tutti gli altri numeri non contano. Nuith, il vero Io, è la Rivelazione. 6666, chi comprende questo numero comprenderà l'Infinito. Il 14 è 41.

– La Madre ha violato se stessa, le Stelle cadranno sulla Terra, un nuovo Mondo sorgerà, un Mondo di Dei. Invidie, guerre, arrivismi, un discorso dimenticato da tempo, un mondo di pace. La Stella brilla nel Cielo, l'Est è diventato l'Ovest e l'Ovest è diventato il Sud. Kadath, il Deserto Freddo, là sorge la nostra Montagna.

– Il mio Messaggero si è rivelato, ora egli è noto agli uomini. Beffa tra le beffe, nemmeno lui lo sapeva. Il 12 è diventato l'11, scopri questo numero e saprai chi è il Messaggero. Il suo numero è l'8 che è il doppio di 4. 4 uguale a 13, comprendi chi è il Messaggero? Anche se lo sai che la tua bocca non si accosti MAI a un orecchio mortale, ma il tuo grido si levi fino alle dimore degli Dei.

Punto III

– Che l'Uomo impugni la Spada e trafigga i suoi nemici, che non risparmi nessuno, né amici né parenti. L'uomo che ha pietà degli altri non è degno di noi, egli sarà maledetto per tutta l'eternità.

– 13, 4, 2, 1. Credi a ciò che ti dico senza sforzarti per ricavare una soluzione, non la capiresti.

– La mia Gioia è la Gioia del Mondo, il mio Mondo è il vostro Mondo. La Stella a Sei Punte è il mio Simbolo, un Raggio la perfora nel centro.

– 8, 10, 12, 14, 20. Stelle e pianeti, aria e acqua, fuoco e terra; di tutte queste cose è lo Spirito che conta.

– Vieni nella mia Dimora, lì sarai Immortale, sarai come gli Dei, perché gli Dei sono come gli Uomini. Follia è la Legge, Follia è la Chiave, Follia è la Parola, null'altro.

– Ecco, ora viene a te la Fenice grondante del Sangue dei Sacrifici. Raccoglilo in una Coppa e bevilo, bevilo in mio onore. Fa' ciò che ti dico, perché questa è la Legge. Chi non berrà dalla mia Coppa perderà la sua Vita, e chi getterà la sua Vita nella mia Coppa, invece, la salverà. Non credermi, esperimenta, non c'è altro mezzo. La Volontà è morta, ma l'Amore è vivo, la loro fusione ci rende perfetti.

– La Stella a Cinque Punte con un Punto nel Mezzo, il numero è 7. La Spada è grondante di Sangue. Gli Dei si ritraggono, ora arriva mio Figlio; chi oserà alzare una mano contro di lui? Nessuno!

– La mia Legge è quella dell'Amore. E' stato scritto: "Amore sotto la volontà". Ma ciò non è vero; quindi cosa sarà vero e cosa sarà falso? Calcola: il vero e il falso, uniscili, una cosa unisce loro, trovala e scoprirai il segreto del Tre, e saprai ciò che il Cinque ti vuole dire. Costruisci una città, costruiscila in nostro onore; al centro farai una Piramide per la Gioia del Mondo.

– Il Velo è squarciato, il cerchio è chiuso, ora cadono i potenti dai troni. I loro troni sono stati costruiti su fragili fondamenta e cadranno alla prima Scintilla di Potere.

– Ora ascolta, tu che sai! e che non vuoi rivelare nulla al mondo, fai bene, perché se gli altri lo sapessero ti getterebbero di fronte a un giudice e quale giudice non ti condannerebbe? Excalibur! la Spada del Potere, prendila, con essa distruggerai i nemici, che il tuo Scudo sia sempre saldo.

– Il Libro dell'Amore, il Libro della nostra Legge, il Libro del Vero e del Falso. Vero e falso, soltanto se tu ci credi, perché in verità non esiste né il vero né il falso. Calcola: 13 uguale a 8, comprendi ciò che ti dico? Il Figlio è mio Figlio, il Padre è tuo Padre, il Figlio sarà svelato e prenderà il potere, e regnerà sul mondo. Nia lo guida. Egli è uno di noi.

– Comprendi il Messaggio di Nia e capirai i due opposti. I

210

due sono diventati Uno, l'Uno è divenuto Zero, lo Zero è diventato il Tutto perché egli è il Nulla. Questo è ciò che ti dico affinché le Genti che verranno sappiano distinguere il vero dal falso. Le prove sono molte ma un'unica è la mia Realizzazione. Il Serpente è attivo; con il suo veleno ucciderà il mondo e con l'elixir lo farà rinascere. Io sono chi Sono, scopri Io e saprai chi Sono. Nulla, nient'altro che il Nulla.

– La civetta ha spiccato il volo, gli Dei si sono riversati sul mondo; Asar è presente, lui è morto, il supremo nemico. I nemici sono caduti, la Fontana brillerà. Mio Figlio ha vinto e il suo Trono è d'Oro.

– Erigi un Tempio, che le mura siano scarlatte, le colonne nere, il tetto di diamante, l'altare bianco, il pavimento azzurro e risplenda il Falco. Il trono sia d'oro, la Colomba d'argento, l'entrata coperta da un velo affinché nessun mortale possa scoprire ciò che c'è dentro.

– Lui ha proclamato la mia parola, lui ha lottato, lui ha vinto. Nessuna ricompensa sarà più alta di ciò che riceverà, il Doppio Potere, lo Scettro degli Dei.

– 1, 16, 24, 78, 103, 999; capirle tu non puoi perché i numeri non si sono ancora rivelati, il loro tempo non è ancora venuto né mai verrà, e mai non è venuto, il loro tempo è adesso, pur non essendo.

– Egli si è svelato, ha gettato le sue vesti sulla strada, egli e gli altri sono contro il popolo perché il popolo è contro di me. Verrà anche il loro momento ed essi saranno purificati, purificati con il Fuoco, la sofferenza sarà terribile. Non importa! È colpa loro, perché se tu avrai pietà per loro cadrai dal Trono dove io ti ho messo, o mio Eletto.

– Ricorda ciò che è stato scritto: "La compassione è il vizio dei re". Ma tu non sei un re, tu sei Dio e altri non ci può essere al di sopra di te.

Punto IV

– Maledetto il dio che confida nel profano, egli sarà disprezzato per sempre da tutte le Genti. Io sono l'Infinito, io sono la Forza, io sono l'Amore, ora e per sempre. Chi osa contrastare il vostro cammino? O miei Eletti, sappiate questo: chi vi contrasterà perirà, perché tale è la Legge! 93, Nuith, Hadit, Hoor-paar-Kraat! non c'è altro che valga.

– Porta il mio Messaggio al mondo, o mio Eletto, distruggilo con la forza della Verità, purificalo e consacralo, a iniziarlo penseremo noi. Quando il Serpente alzerà la Testa molte saranno le genti che periranno, soltanto i Giusti resisteranno alla mia furia. Ma dopo la distruzione, la generazione, una nuova razza, una Razza di Dei.

– Il mio Messaggero ha vinto! Egli ha trionfato sul popolo, egli sarà seduto sul Trono. Comprendi che ciò che ti dico corrisponde a Verità?

– 8, 11, 12, 13, 16, 20, 80, 93, 111: questi sono i nuovi numeri, i numeri della Legge. Balaton, Exidia, Fhirah, Orex. Comprendi? No, non puoi! Attento dunque a non cadere in errore.

– Tu, che non potevi, adesso puoi! Tu, che non sapevi, adesso sai! Trascrivi tutto questo e fanne quattro copie, e distribuiscile ai quattro angoli del Mondo così che le Genti sentano la mia parola!

– Mio Figlio è nascosto, egli non si è ancora rivelato, egli è Amoun-Râ. Tu sai chi è? Lui il nascosto, lui l'invisibile, lui noto ma ignoto agli occhi dei mortali, finalmente ha rivelato se stesso! C'è un trono che lo attende. La sua dimora è Huâlla. Esterrefatto, sbalordito, sbigottito, non puoi essere; io ti dico: scopri la menzogna con la verità. Questa è la mia Legge.

– Sta scritto: "Ogni uomo e ogni donna è una stella". Ma ti dico che tutto ciò non è vero. La vecchia Legge ha ceduto posto alla nuova. Costruisci un Tempio, fallo in mio onore. Che le pareti siano nere, che le finestre siano oscurate da veli rossi, che ci siano undici candele, un altare, la mia Stélé, il mio Libro e i miei Precetti. Fallo dove e quando vuoi, ma devi farlo per me.

– Io ti ho dato il seme segreto, lo sperma invisibile; io ho dato vita a tutto quello che vive, dunque rendimi grazie. Bada: non importa quando lo farai, ma devi farlo prima dell'LXXX anno dell'Eone di mio Figlio. Il Leone è morto, il Toro vive. Che il Tempio abbia il pavimento rosso e l'altare coperto di seta bianca. A destra porrai delle rose, a sinistra l'incenso, al centro un Pentagramma d'argento.

– Che nessuno entri in quel Luogo Santo, che nessuno respiri l'aria santa. Questa è l'aria che dovrai respirare: noci, semi di pesche, zucchero, mirra e incenso di Abra-Melin. Fanne tutt'uno in parti uguali; questo è l'incenso che dedicherai a me. Voi siete la Luce del Mondo. Ma se non c'è un mondo? la Luce, allora, andrà persa? No! io ti dico. Voi due che siete Uno, siete il Raggio che squarcia la Tenebra. 11 uguale a 2, 12 uguale a 1, e allora saranno 3.

– Questa è la Prova, se non la supererai non sarai mai degno di me. Ankh-af-na-Khonsu è stato il mio profeta, tu sei il mio Messaggero. Eppure questi due non sono che Uno. Il mio Eone porterà la Vita, la Gioia e l'Amore. Ma c'è di più. Kundalini si sta risvegliando dal suo sonno primordiale e tu risvegliala!

– XXI-III-LXXVIII è la data. Da questo momento fino al XXI-III-XCVI il Mondo subirà un travaglio quale non lo ha mai subìto.

Punto V

– La Luna era d'Argento quando m'invocasti sotto le mie stelle. Il Sole era d'Oro e le Stelle di Diamante quando il Potente scese sulla Terra. E' stato scritto all'Alba dei Tempi: "Lui erediterà la Terra e con lui i suoi seguaci".

– Io Sono ma NON Sono, io sono la Legge, io sono la Forza, io sono il Potere. Guai a colui che devia dalla giusta Via, guai a colui che si farà cieco per non vedere, guai a colui che non affronterà il Leone nel mio Giorno.

– Egli è sorto, egli è venuto dall'Abisso ed ha posto la sua sede sul Sole. Il suo trono risplende tra tutti gli astri, il Sole stesso non è che una pallida ombra.

– 14, 18, 27, 81, 93, 118, 444, 881, 999. Plaix. Oggi è oggi, domani sarà domani, il tempo non ha significato, l'Opera sarà compiuta ma soltanto da chi ne è degno.

– Egli è stato prescelto da quando l'Uovo si ruppe e il Bimbo cominciò a crescere. Il mio è il Tempio della gioia, della felicità, ma è anche quello del dolore. Colui che regna non può permettersi di essere pietoso. Gli sconfitti diverranno gli schiavi e i vincitori diverranno Dei.

– Lui porterà il mio Scettro e ella la mia Corona. Abraxas è la Parola, sarà marchiata a lettere di fuoco sulla corona dei re di questa Terra, eppure non è sufficiente perché soltanto una Parola può riscattare le genti. Il Mondo si è risolto, il XXII è diventato il XXIII perché tale è la Legge.

– Che il mio Profeta tracci la strada, che i monti siano appiattiti e le valli colmate, che nemmeno una foglia intralci il passo del Conquistatore. Egli è divenuto il Re, un re severo ma giusto. Egli è AL ma tu non lo sei. Dov'è la giustizia? Non esiste.

– Fiumi di sangue dovranno scorrere prima di ritrovare la Coppa, il Sacro Calice. Tu conosci questo nome? È molto vicino, eppure non lo vedi, non sai dove cercarlo, ma esso è in te. Il Diamante si è spezzato, ne è sorto il Drago, la sua pelle è falsa perché così deve essere.

– Prendi questo Libro e divoralo, che neanche una lettera possa essere vista da un mortale, non una parola possa essere udita da un profano. Comprendi che ciò che ti dico fa parte della Legge, della Suprema Legge, della Legge del Mondo, della nostra Legge e dei Giorni che verranno. Questa è la Parola! Questa è la Legge! Questa è la Volontà! e questo è l'Amore perché tale è il nome del Libro che tu o Profeta stai scrivendo.

– Di più non posso dire ma molto ho da rivelare; il tempo non è ancora maturo ma presto lo diverrà, e quel Giorno tremino le genti perché il Cielo si abbatterà su di loro e la Terra si aprirà per inghiottirli. I mari invaderanno la terra e molte terre sprofonderanno, non un angolo concederà loro rifugio. Fratello contro fratello, madre contro padre, figlio contro figlio, nipote contro zio. E così periranno i miei nemici.

Punto VI

– La Fiamma è nascosta nel Tabernacolo della Verità. Il Patto è stato suggellato, la strada è stata appianata, la Fenice è già sorta dalle ceneri dell'apparente sconfitta.

– Il mio Occhio è il tuo Occhio. Il mio adepto, il mio messaggero, il mio profeta, costoro che hanno portato la mia parola, essi saranno i Re. Guardati attorno, tu li conosci già. Essi sanno ma non sanno, essi vivono ma non in realtà; guardati dal Tredici, è un avvertimento che io do a tutti voi.

– Il tuo tempo sta per scadere, un altro lo sostituirà. Questa frase non è ciò che tu pensi e non riguarda il tempo, ma bensì il messaggero. Verrà uno dopo di lui ed ella collegherà il più e il meno, il positivo e il negativo e tutta la dualità che esiste in natura. La data è vicina, l'avvento di questa persona non è lontano. Ella non scoprirà, ma in realtà capirà. Il vero e il falso, qual è il Mistero degli Opposti? Uno tra i cinque, sommali e dividili, il risultato sarà uno, il resto è zero.

– Cambia, rinasci, abbatti le porte. La tua volontà sia forte, il tuo respiro calmo, e la tua posizione salda. Soltanto così il Serpente alzerà la sua Testa. Ion-Ra è la Parola, il Grande Mistero, colui che è celato agli occhi degli uomini. Il Figlio non visto, né mai venerato. Egli il triplice tradimento subirà. La fiamma della vendetta crescerà in lui. E tu uomo chi sei per presentarti al cospetto di un Re. Tu conosci il nome del mio Messaggero? Gridalo ai quattro venti, proclama la sua Parola perché è la mia Parola, annuncia la sua Legge perché è la mia Legge, espandi il suo Amore perché è il mio Amore. 13, il numero di questo Libro, e 13 è il risultato che studierai nella tua mente perché non c'é altro al di fuori di questo.

– E tu o mio Eletto che conosci il nome nascosto, il nome non detto, il nome del messaggero serbalo nel tuo cuore e cingilo con le catene, perché se la tua lingua lo proferirà sarà mozzata. L'importanza di ciò non la puoi capire, né mai la capirai. Non occorre capire, basta studiare. Non occorre studiare.

– Esponiti ai Sei Raggi del Triplice Sole. Lo conosci tu questo Sole? Ma ciò non è completo, è, infatti, lui più Zero. La Spada è nascosta, le Colonne sono velate e nascoste ai mortali. Il Tre è il Sei, e il Sei è il Dodici.

– Egli vedrà la mia Gloria, né mai nessuno la vedrà. Qualunque mortale oserà strapparle il Velo... è morto, il Leone è morto. Il Toro vive, ed egli è il mio Profeta. Il Drago è risorto, ed egli è il mio Messaggero.

– Colui che viene non verrà, lo Scettro verrà impugnato, il Segreto non è ancora rivelato. Il Segreto è questo: 13 uguale a 8 ma 8 non uguale a 1. Comprendi questa comparazione? Spiegala agli Dei, che questa sia la mia Legge, la Legge dell'Amore e della Gioia.

1

Liber AHBH

Nuith

Punto I

1. La Parola della Legge è Thelema, dice il Potente. Colui che sale sul Trono parteciperà alla Gloria dell'Infinito.

2. Scegli un posto, ornalo e dedicalo a me. Metti la mia Stélé in questo Tempio, così che la profezia di AL si avveri.

3. Onore e gloria, gioia e dolore. Attenti! Il Messaggero si avvicina al Trono. Ma non riuscirà a salire.

4. Prima deve proclamare la mia Legge nel Mondo. Tu devi essere mondo da ogni male, se vuoi adorarmi. Tu devi essere libero da ogni restrizione, se vuoi servirmi. Ricorda: o Uomo, quant'è pietosa la tua sorte.

5. Con la testa avvolta nelle tenebre, tu brancoli nel buio. Ecco, la prima Bestia, il cui numero è 666, sorgere dalla terra, perché la terra è la sua dimora, perché la terra è il suo simbolo, perché la terra è il suo marchio.

6. Il marchio e il suo profeta, questa è la Legge. Il

messaggero e il suo simbolo, questa è la Legge. L'adepto e la sua filosofia, questa è la Legge. Chi sa ciò che significa scoprirà la Gioia del Mondo. Tu lo sai? No, non puoi saperlo. Riempi una Coppa delle tue abominazioni, e dalla a Babalond.

7. Ella è la meretrice. Ella sarà sfrontata e adultera, perché questa è la Legge. Tu le darai il tuo corpo da mangiare, ed ella lo rifiuterà. Tu la dominerai, ed ella piangerà. Sì, piangere per morire, morire per nascere.

8. Il Tre è l'Uno, non l'Uno il Tre. Questo sta alla base di tutto. Lui ha vinto. I nemici sono caduti. Mio Figlio si è seduto sul Trono.

9. Colui che vincerà deve ancora nascere. Ma presto nascerà. Ed egli nascerà come il Figlio Incoronato e Vincitore. Egli non è nemmeno il Bimbo. La sua Coppa non è ancora colma. Ma presto traboccherà.

10. Bisogna vincere per morire. Bisogna nascere per vincere. Colui che siede sul Trono ha onore, gloria e potere. Ma tu, o Uomo, non temere. La tua sorte sarà risparmiata.

11. Scegli! O con me o contro di me. Non c'è posto per l'ignaro. Quando il Sole sarà alto nel Cielo Stellato, le Comete divoreranno la Terra. Le Comete sono Stelle, e le Stelle sono Sette. Il Vento soffierà da Nord a Sud e da Est a Ovest.

12. Il centro tremerà. Fiumi di sangue scorreranno, i Cieli si abbatteranno sulla Terra, il mare bollirà... Ecco! Ora il Tempo è compiuto, la seconda Bestia è sorta dalle acque. Ha vomitato la sua bava sul mondo e ora siede in mezzo al mare.

13. Questo è il Regno del Gran Dragone, colui che porterà il dolce Vento sul Mondo, che gli darà la vita con il suo sangue. Egli è malvagio per i malvagi, e giusto per i giusti. E allora uccidi i malvagi. Che la loro stirpe non infastidisca più la Terra.

14. 21, 33, 44. I numeri sono dati. Non capirli! Comprendili. Ora io vedo un nuovo Cielo e una nuova Terra... questa è la dimora degli Dei.

15. Quando noi torneremo la Terra vivrà di nuova Vita. Questa è la mia Legge. Io la proclamo giusta e ingiusta. Io proclamo la Legge dei Forti, la Legge dell'Amore, la Legge

della Giustizia e la Legge della Libertà in nome di Nuith.

16. Il Sole è spento, ma presto una nuova Stella sorgerà, e allora il Mondo vedrà la Luce della Gioia.

Punto II

1. La manifestazione primaria della Divinità è contenuta nel mistero del 3. Non c'è nulla al di fuori di Nulla. Nulla esiste tranne me.

2. Io sono colui che non fu mai generato. Io sono la fiamma segreta che splende in ogni stella.

3. Guarda: il mio Messaggero ha vinto, ed ecco la sua ricompensa. L'Estasi eterna e la Gioia di Nu sono con lui.

4. Finalmente! Il Gran Dragone Scarlatto, la Bestia Selvaggia, Leviathan dalle Otto Teste e Tredici Corna è nato. Egli è il Figlio non rivelato dalla fine dei Tempi.

5. Iside, Arpocrate, On, la triplice formula dei tre gemelli nati dalle Acque di Nut. Nuith, Hadith, Ra-Hoor-Khuit, sono dunque queste apparenti illusioni? No, non lo è.

6. Se tu saprai capire colui il cui valore è 91 sarai tra gli adoratori di Set. La tua brama non ti consumerà, la tua lussuria non ti travolgerà, perché tutto sarà in eterna Gioia rivolta a Nuu.

7. Il Nero e il Bianco, la Bacchetta e la Coppa; la tua Opera qui è finita, ma altrove... Va'! Prendi l'Ankh e segui la Via. Egli ti condurrà attraverso mille torture, tribolazioni e tormenti. Ma ricorda: non sarai tu a soffrire. Va', dunque, o Profeta, perché io sarò al tuo fianco.

8. Cingiti con la Spada e impugna lo Scettro! Chi potrà resisterti? Egli Sa! Ed egli sapendo ha scelto.

9. L'Opera della Bacchetta e della Coppa, della Spada e della Stella, del Figlio e della Figlia. Heru-Râ è sorto e domina sul doppio orizzonte. La Lettera è AR. Chi conosce il suo numero salirà sul Trono.

10. La Parola è VAL. Ahadha, Briahx. Il Signore dalla testa

d'Ibis ha trasceso se stesso.

11. Prendi dunque strane cose che io ti dirò, e adorami, perché nella mia adorazione c'è la Gioia e l'Estasi eterna.

12. Dunque, o Profeta, io lascio a te il compito. Ma il tuo tempo è finito. Lascia Asanarh agli Zeloti, lascia che i Figli dell'uomo scoprano i piaceri dei sensi.

13. Io che ti parlo al di là dello Spazio e del Tempo ti ingiungo di farne quattro copie di questo Libro e di distribuirlo a chi tu sai. Poi sedici e quarantuno, infine trenta e novantuno. Ma bada: che nessun altro scriva questo testo al di fuori di uno.

14. Io ti darò la Gloria da adorare, e tu cadrai stremato dai suoi abbracci. Io sarò in te e tu non mi vedrai.

15. La Stella era d'Argento quando m'incontrasti sotto la volta del cielo stellato, e mi parlasti. Ora ti ingiungo di fare altrettanto.

16. Va', senza dire nulla a nessuno e invocami con strani Riti che io ti darò.

17. Ti parrà strano di sentire questo in tale Libro, ma ricorda che ti sto parlando da dove il Tempo è fermo e lo Spazio in continua fornicazione. Là domina incontrastato il Signore del Caos Primordiale. Qui fermo la mia Parola che è VAR. Le Genti che verranno capiranno.

18. Ma tu non capire: comprendi! Ricorda che ciò che ti dico non è mera favola ma la più grande delle verità.

19. La Parola della Legge è AHBH.

20. Guai a colui che non riuscirà a sconfiggere il Serpente Nero.

21. Separa il Nero dal Bianco, fino a farlo divenire Rosso incandescente e poi ancora. Così otterrai un Bianco più puro, la purezza della Pietra, perché tale è il suo nome.

22. 4, 11, 22, 46, 58, 93, Argoo, Bahati, Noirah, Cultuhr, Fhiat, Baas.

23. Calcola, calcola, calcola, non riposare la tua mente nemmeno per un secondo se non vuoi che le tenebre scendano su di te.

24. Il Nero è riscoperto. I Signori della Tenebra e della

Luce hanno stretto un'Alleanza che durerà in eterno.

25. Ecco! Io vedo la Fenice sorgere dalle ceneri della sconfitta, uscire dalle Rovine di Saah e dimorare in Timubh.

26. Pazzo! Tre volte pazzo se tu credi in questa follia, in questo vizio contro natura.

27. Io consoliderò la tua fede e dimorerò in te. Io aprirò le Porte segrete della Casa il cui numero è 914.

28. Venite via! Io, che preparai un posto per voi, ora vi darò una nuova dimora, a voi il cui numero è 31.

29. Non c'è nulla che valga l'Opera se non il Sahu. Comprendi che ciò che ti dico è pura Follia, e le genti a venire chiameranno questo libro, il Libro della Follia.

30. 13 uguale a 8, ma 8 non uguale a 13.

31. Trova la Chiave e otterrai l'uguaglianza. I numeri sono uguali tra loro. Non c'è differenza.

32. E chiunque voglia distruggere questo sacro e santo Testo, verrà gettato nell'Abisso, preda del suo oscuro Guardiano: Yog-Sothoth.

33. In verità io ti dico che se tu non mi offrirai il meglio, io alloggerò nel cuore del tuo nemico, e tu verrai distrutto.

34. Il numero è 81.

35. Ed è la Chiave segreta di tre Parole. Il mio Messaggero sapendo la conosce. Ma egli la svelerà soltanto a coloro che oltre a lui formano l'Uno, e sommati a lui risultano Zero come necessità di tutte le cose create di diventare Nulla nell'Amore di Nuu, perché nei suoi abbracci vi è la vera Gioia e il Serpente è costretto a prenderne parte.

36. Hadit! La primaria emanazione di Nu ha parlato. Egli Sa!

37. Guarda lo Spazio e contempla le stelle in esso contenute.

38. Il Cavaliere dello Spazio è ritornato dalla sua missione di rovina. Rovina per gli abitanti di At, il cui linguaggio fu distorto dagli uomini.

39. Ascolta la Voce del Profondo... ascoltala ed entra in essa, così facendo conoscerai me.

40. La sensazione che seguiterà a tormentarti per tutta la vita, sia nei sogni sia tra gli uomini, non descriverla a nessuno se non a chi sai, che io non menziono.

41. Ma tu non sei l'ultimo. Prima del Risveglio del Drago, ci sarà uno che verrà dall'Est. Rapido come una folgore e potente come un tuono egli t'istruirà su ciò che tu non conosci.

42. I numeri della Legge sono tre: 4, 8, 13. Capirli tu non puoi, né mai li capirai. Gli altri capiranno, ma non tu.

43. Ora io ti do istruzioni per il tuo tempo: uccidi chi intralcia la tua Via e non permettere ad alcuno di violare il tuo Regno. Sottometti gli schiavi. C'è uno, io non dico chi, che ti tradirà.

44. C'è una cosa che devi sapere: il Nulla è uguale al Tutto, ma il Tutto non è uguale al Nulla.

45. C'è il mistero del Punto e della Linea, del Tao e dello Zen, ma tutte queste false dottrine sono state distrutte.

46. Vieni con me, attraverso il Tempo e lo Spazio, e giungi nella terra degli Uomini che saranno. Il suo nome è Taaroo.

47. La Visione che ne hai avuto serbala per te e per tuo Fratello, ma non comunicarla a nessun altro.

48. Usa la carta più fine e rilega questo libro con copertina rossa e scritta nera. La pergamena è la migliore.

49. L'Eone è M.A.A.T. Scopri il suo significato e conoscerai la Forza. La Figlia unita al Figlio, la Vergine violata da se stessa, il numero 15.

50. Abba è il numero del monogramma, ed è il numero del Figlio, completamente se stesso. Perché attraverso l'Amore si realizza la Volontà.

51. Ma tutto ciò è Uno, e uno sarà il suo Sacro Nome. Qui termina la Manifestazione.

52. Sigillo queste parole con il Triplice Marchio della Bestia Selvaggia.

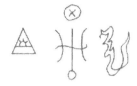

Punto III

1. Ecco! La Rivelazione di Nuu ha avuto fine. Il Tempo dei falsi dèi e dei falsi profeti è finito.

2. Râ-Hoor ha purificato con la sua formula distruttiva, Haar-paar-Kraat ha consacrato con il sottile sperma del Fuoco Segreto che risiede in ogni uomo e in ogni donna e Hru-Râ ha iniziato con la formula della Vita.

3. Egli è sorto a nuova Vita, allorché i Due sono divenuti Uno. Ma c'è Uno e uno, c'è Due e due. Io non dico la differenza di ciò che tu non sai.

4. Il grande dio On ha preso posto a Nord all'Equinozio degli Dei e un altro Profeta e Messaggero ha risvegliato la brama dei Cieli.

5. Dolce ardore! Dolce profumo di sudore. Chi non prova questa brama della carne non è degno di entrare nel mio Santuario.

6. Erigi un Tempio sulla Montagna, adornalo di strani fiori che io darò e invocami. Ma sappi che ciò è un controsenso, perché sotto la volta del cielo stellato, e là soltanto, tu m'invocherai.

7. E tu mi supplicherai di dimorare in te, e tu pieno di passione e di dolce ardore m'invocherai, mi chiamerai come lo sposo fa con la sposa.

8. Abraxa! Questo è il nuovo Dio. Egli è il Logos, egli è l'Eone.

9. Il Due è uguale all'Uno.

10. Comprendi che questo testo comprende le più grandi verità mai rivelate agli uomini.

11. Esse furono rivelate dalla Grande Madre agli Dei suoi Figli.

12. Ma essi peccarono. Dio contro dio, fratello contro fratello, angelo contro demone, sorella contro sorella.

13. Ora essi sono tornati. Varcando i Non-Spazi, essi sono approdati a Saranath per costruire un nuovo Regno.

14. Non c'è il Nulla senza il Nulla!

15. Follia senza nome. Il Vuoto riempie il Pieno, non il Pieno riempie il Vuoto.

16. Ti sarà difficile comprendere ciò, ma io ti dico che tu non capirai.

17. Egli ha aperto la Via. Le Porte del Tempio sono aperte. ALAM! E questa è un'altra follia e vizio contro natura.

18. In verità ti dico che se tu non ti farai terra non potrai mai annusare il nettare di cui si beano gli Dei.

19. Perché soltanto facendo Shakti cielo e Brahma terra sarai ciò che devi essere, e i tuoi occhi vedranno il Regno.

20. E allora guarda! Guarda il cielo stellato e la cometa. Guarda il Segno degli Dei.

21. Non c'è chi crede.

22. Questa è Follia.

23. Ma ricorda! I Folli vivranno, e gli altri saranno sprofondati negli inferi, e lì dimoreranno fino alla fine dei Tempi.

24. Il regno è vinto. Il Padre è morto.

25. Ora rimane soltanto il Figlio.

26. Il Figlio unito alla Figlia. La formula è AHD.

27. Dunque, o Profeta, comprendi: se con l'Uno tu generi, con il Due preservi, nel Tre non v'ha la redenzione e distruzione?

28. Non sono forse due gli Dei?

29. Acqua e Fuoco, Terra e Aria tu non separerai.

30. Unisci e dividi. Soltanto facendo ciò tu capirai.

31. Comprendi! Capire non è essenziale. Capire è umano, comprendere è divino.

32. E tu, o Re, non sei forse divino?

33. Sì, di natura immortale, ma di pensiero divino.

34. Che Re non è Figlio degli Dei e Dio stesso?

35. Arpocrates! La sua emanazione fluidica è terminata nel Giorno in cui è nato.

36. Egli è il Padre e pure il Figlio.

37. Comprendi che ciò è divino.

38. Arax, Arax! La mia Manifestazione è terminata.

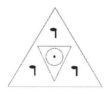

Punto IV

1. Ora! la Manifestazione dei Cieli.

2. Leva il tuo Serpente, o Uomo, discendi nell'ardore degli inferi e proclama la Legge.

3. La Legge è Amore.

4. Ricorda! Che questo libro sia scritto da te soltanto.

5. Se ciò tu non farai aspettati il tremendo Giudizio nella Sala degli Dei.

6. Oggi è il giorno.

7. Questa è l'ora.

8. L'azione esiste in quanto Nulla è il Vuoto ed esiste per l'Uomo.

9. Non aver timore, brama e godi, e non aver timore di nulla, perché la mia Gloria è su di te.

10. Non c'è grazia che valga l'Opera. Il Distruttore è sorto e tramontato.

11. Egli è risorto nella Notte dei Tempi e siede nel Nord.

12. Dopo questo il Vuoto.

13. La Figlia, che è l'ultima, non morirà mai.

14. Questa è la Sapienza segreta che risiede nel profondo di

ogni cuore. Questo è ciò che gli uomini temono. Questo è il vero Sapere.

15. Dunque elevati! Unisciti con te stesso e gioisci.

16. Che il tuo cuore sia forte che la tua mente non vacilli.

17. Questa è la nostra Legge.

18. Dacci il nuovo Fuoco che arde segreto nel più profondo degli uomini.

19. Il Serpente si è levato e ha portato la sua brama nei cieli, ed è disceso negli inferi del tormento e del peccato.

20. Che la tua mente non scambi una cosa per un'altra.

21. Distruggi e brucia nel fulgore della tua brama.

22. Che non ci sia altro per te.

23. Non andare contro di me, o Profeta, perché in ciò sta l'errore.

24. Che l'Unità sia uguale al 2. Abrhaaoh, Madriixfh, Bhulhedhah. 81, 5, 23.

25. Non cercare di comprendere queste parole e questi numeri, ma dalli agli Uomini.

26. Raduna tre persone. Non importa chi sia la terza.

27. Fa' quattro copie di questo libro e dalle a loro.

28. La copertina e l'iscrizione argentea.

29. E' un controsenso. E' un dogma. Ma se tu saprai capire, per te non sarà il dogma.

30. Il dogma serve agli schiavi.

31. Va'. La tua Via è segnata dal sangue degli innocenti sparso per te.

32. Quella è la tua Via.

33. Ma non lasciare alcuna persona la percorra, perché chiunque, sia Dio, sia Uomo, ne è indegno.

34. Non fare distinzione tra il giusto e l'ingiusto. Perché qui sta l'errore.

35. Sei tu il nuovo Profeta.

36. Aiutami a rivelare il Messaggio ai Figli degli uomini.

37. Il Tempo è arrivato. Cingiti con una Spada, va' su un'isola ed erigi una Piramide a quattro lati in mio nome.

38. Fa' ciò e gli Dei ritorneranno nella loro tomba.

39. Che questa sia la fine.

40. Ecco! L'energia fluisce attraverso il mio Profeta. Egli è risvegliato. Ed egli risveglierà la brama del nuovo Mondo.

41. Fa' questo, e nessuno ti dirà di no.

Punto V

1. Comprendi ciò che ti è stato detto. C'è Profeta e profeta, c'è Messaggero e messaggero.

2. I due sono Uno. Il Messaggero è pure Profeta.

3. Ma c'è qualcosa che tu non sai. Il mio cuore vacilla dall'orgasmo, e i miei sensi precipitano nell'abisso.

4. Tu sei tu, e non altri. Tu sei Uno eppure molti. Non riuscirai mai a comprendere l'enigma.

5. Rifletti! Un tempo l'Otto e il Dodici erano Uno. Ora l'Otto e il Tredici sono Uno.

6. Guarda, guarda, guarda la manifestazione che appare da oltre lo Spazio.

7. Ella è apparsa. Ora tremino le genti.

8. Guarda la Gloria delle Stelle. Ora esse sono tue.

9. Ma un altro giungerà, da dove io non dico, per colpirti. È un avvertimento che io do a tutti voi, affinché possiate stare in guardia.

10. Vegliate, dunque, perché non sapete né il giorno né l'ora.

11. Ma ciò che io dico è follia.

12. Chi mai alzerà la mano contro di voi?

13. Se la Spada è stata tratta, e il Serpente Piumato ha alzato la Testa, dove resteranno i vostri nemici?

14. Sacerdote, ascoltami! Ascolta la mia Voce. Io ti ingiungo, nuovamente, di fare quattro copie di questo libro e di distribuirle a chi tu sai, ma ti scongiuro, fallo tu e nessun altro.

15. Molte volte ti chiederai il perché, ma alla tua domanda giungerà per risposta soltanto il silenzio beffardo.

16. Dunque ascoltami! Va' nel deserto e sotto le stelle invocami! Io ti dirò come. Perciò va', e lascia chi ti è vicino, o mio Eletto.

17. Il tuo cammino è lungo e diverso dagli altri. Il tuo cammino ti porta verso Nord.

18. Qui termina la mia Parola. In guardia! La mia Manifestazione ha avuto fine.

IXATAAR
AUMGN
ENOH

Punto VI

1. Colpiscili, colpiscili, colpiscili, o Profeta, perché in ciò sta la gioia.

2. Had! La rivelazione dell'inframmentaria continuità dell'onnipresenza dell'Essere Divino.

3. Il mio numero è nove, il mio nome è celato. Io sono chi ero, tale è il nome.

4. Ha! Tu ci credi? Folle!

5. Da ciò deriva la pazzia.

6. Luce su luce, pietra su pietra, tomba su tomba.

7. Ora lascia la tua sede, o Sovrano Profeta Iniziatore.

8. Alzati e va'!

9. Lontano, lontano, lontano.

10. Ma c'è 31.

11. Allora? Sai che significa?

12. No, non puoi!

13. Mai tu lo saprai.

14. Aiutami! Aiutami nella mia Opera. Tu sei il mio Messaggero. Dunque va'! Porta il mio Messaggio ai popoli.

15. Il Tre è nel Due, ma con esso realizzerai l'Uno.

16. Pazzo! L'Uno è lo Zero.

17. Che tu sia la gioia scintillante nei cuori degli Uomini.

18. Tu sei il mio Sole, mia Gloria, mia Sapienza.

19. Guarda, o beffardo! Tu non lo sai, ma c'è uno che lo saprà.

20. Chi è colui il cui trono è fuoco, il corpo acqua e la corona petali di rosa?

21. Risolvi questo enigma e saprai chi è, il mio nome segreto e celato agli uomini.

22. Aumgn! Aumgn!

23. Dio della Lussuria!

24. Ecco, la Gloria segreta per chi mi ama, l'Estasi eterna e i baci di Nuh.

25. Ma non c'è Nulla senza il Tre. Ora guarda l'Uno e comprendi il Due.

26. Che tu sia il Fuoco Segreto, Serpente di Gioia, Fulgore della Lussuria.

27. Ah! Lussuria! I miei occhi tremano, la lingua si stacca, il mio cuore impazzisce, alla tua vista.

28. Che questa sia la mia Parola, la Legge e l'Amore.

29. Ama! Godi di tutto e di tutti.

30. Tortura chi non è di me!

31. Uccidi i peccatori!

32. Come? Esiti? No, non lo farai!

33. Nel tuo cuore arde la Brama segreta, la Lussuria fiammeggiante, che brucia e divora ogni uomo.

34. Sappi, o Profeta, che siete due.

35. In queste parole è rivelato il tuo mistero.

36. Apprendi che ciò che dico non può corrispondere a falsità!

37. Ma c'è Uno e uno, e il Profeta è pure l'Iniziatore.

38. Ma sappi! Tu, o Ankh-af-na-Khonsu, non sei così scelto.

39. Eppure lo sei!

40. E allora? E' un quesito per Pazzi!

41. Ascolta: la Voce che si leva dal primo Peana, e scuote i Tredici Cieli.

42. Agapé.

43. Ecco! La mia Rivelazione è finita.

AUMGN

ALOHE

2

Liber AHBH

Hadit

Punto I

1. Ecco! La nuova Gioia.

2. Dovunque tu vada, là mi troverai.

3. Perché io sono e non sono, io ero e sarò.

4. Quando tutto sarà scomparso, nulla esisterà, tranne me.

5. Io sono Tum, unito a tutte le cose!

6. Tu sai chi è Egli?

7. Ricorda!

8. Io sarò colui che si eleverà al di sopra di te, ma tu sarai me.

9. E allora io ti eleverò al di sopra di ogni cosa, e tu sarai il Re dominatore d'ogni cosa esistente.

10. Non esitare! Muoviti! Uccidi! Tortura!

11. Se questo ti farà piacere sarai uno di noi.

12. E allora seguimi. Abbandona agli uomini tutto ciò che hai e valica la siepe. Là tu mi troverai e capirai.

13. Fa' ciò e nessuno ti dirà di no.

14. Ascolta! Io ti parlerò del Dio, del tuo Dio, dell'unico vero Dio.

15. Ti istruirò sui misteri che non osasti affrontare.

16. Perché esiti? Perché indugi?

17. Vieni a me.

18. E il Dio disse: "Tutti coloro che verranno e non".

19. Va' verso le Colonne di Shu.

20. Perché sono divenuto NU. Io sono RÂ nel suo dominio ascendente per diritto del suo potere.

21. Io sono il grande Dio che generò se stesso.

22. Io sono NU che pronunciò i suoi nomi, e così fu creato il Cerchio degli Dei.

23. Io sono Ieri e conosco Domani.

24. Io conosco il Segreto di ON, il cui Essere è RÂ.

25. Io ho compiuto l'Opera iniziata, io sono lo Spirito reso manifesto.

26. Io sto nei Giardini di NU.

27. Io sono colui che fu generato dal Silenzio della Parola.

28. Silenzio! Che il Nulla generi il Tutto.

29. Ora apprendi la mia fine.

Punto II

1. Ecco! La nuova Stella.

2. Onore e gloria al Profeta della Stella.

3. La Verità è due non essendo, la menzogna è uno essendo.

4. Qui la Legge, là la vergogna. Allora decidi! "Chi di voi oserà seguirmi nel mio cammino di Fuoco?".

5. Ed egli rispose: "Io, mio Signore, mia Fiamma, mia Forza e mia Saggezza".

6. Allora il Dio disse: "Ecco, io ho riversato il mio Fuoco in voi, ed ho amato le vostre genti".

7. Allora alzati e destati, desiderio infocato, passione inviolabile.

8. Egli è sorto dal Nero per portare l'Oro, ma egli è pur sempre Nero.

9. Ha! Io vi disprezzo, sovrani; io disprezzo voi e i vostri figli nati dal peccato. Fa' che questi non siano di noi.

10. Ora lega! Lega e dividi! Somma e risomma ancora, finché l'Uno non sarà eguale allo Zero.

11. La Parola è Kratos!

12. La mia Legge è 83, 8 e 3, e 831.

13. Questa è la mia Legge! La Spada e il Serpente. Scegli! pazzo, non c'è nulla da scegliere.

14. Chi conosce il mistero della mia Dimora segreta, mia Forza, abiterà in me ed io in lui.

15. Non sta scritto: "Tortura e uccidi?".

16. Allora ucciditi, perché se tu non lo farai, lo faremo noi per te, e ti costringeremo a entrare nel Sacro Santuario.

17. Ma ora ti voglio istruire in un altro mistero che tu non conoscesti, mio Scriba e Profeta.

18. Il Profeta è inscindibile, ma è pur sempre due. Allora due in uno e uno in due? Giammai. Egli mai lo farà. La libertà di parola e d'azione sono tuoi, o mio Profeta.

19. Egli è XXV e III. Sono numeri di due Dinastie. Uno è il Profeta dell'Astro d'Argento che brilla ogni notte e ogni giorno scompare; uno è il Profeta del Fiume d'Oro, che sgorga dalla Terra Nascosta e con il suo nettare divino imbeve di dolce passione. Ora dei Profeti tu penserai il contrario, causa prima la tua mente contorta e pur sempre duale.

20. Il Profeta dell'Astro d'Argento non è chi tu credi. Lui è il Thau. Il Profeta del Fiume d'Oro non è lui, bensì il suo nome lo dice. La sua Via è quella che lo porterà al di là delle Stelle. Egli dimora negli inferi. Hai dunque compreso il nome dei due Profeti?

21. Il primo Profeta ha come marchio una Thau, il secondo Profeta ha come marchio una Rosa. Ora la loro identità ti dev'essere chiara, perché se così non fosse, tu subiresti gravi perdite.

22. Racconta come io mi manifestai a te.

Racconta il giorno della tua nascita.

Racconta il giorno del Grande Equinozio,

Quando colui dalla testa d'Ibis si manifestò in te.

Ed egli dimorò nel tuo cuore per sempre.

23. Ella ti sosterrà, lui ti guiderà. Attendi dunque, e aspetta che tutto sia compiuto.

24. La mia parola è a una fine.

Punto III

1. Ecco! La mia rivelazione ai Figli degli uomini.

2. Io, Had, sono Tutto e Nulla non essendo.

3. Egli è, io non sono.

4. Egli è l'Infinito Nulla ed io sono la sua condensazione.

5. Attenti! Che il Nulla generi la Parola. La Parola è Ham.

6. Ora tu saprai che il Serpente di Fuoco, che cinge la testa e inonda di luce le tenebre, è lo Splendore Primordiale ravvolto in spire.

7. Ecco, io vengo a te come un dì Egli verrà a me. Tuttavia è così.

8. Io sono non essendo. Io sono l'onnipresenza del corpo della mia Signora... la Cortigiana delle Stelle.

9. La prima parte è stata rivelata agli ignoranti. Ciò ch'io dirò adesso serbalo nel tuo cuore e custodiscilo gelosamente. Perché ricorda: il pensiero vola libero, ma la parola incontra mura e porte.

10. Allora gioisci, perché il nettare sta per essere riversato su di te.

11. Comprendi che ciò non è pura illusione, no! Egli va al di là dell'illusione.

12. Ciò che tu scrivi è il Diamante. Ricorda! Il Diamante è quattro e zero, ma io lo chiamo quattrocentoquarantotto.

13. Ora ascolta la voce fatata che riempie di miele le tue orecchie, ascoltala e gioisci.

14. Il Tempo è venuto. La Colonna poggia sul Vuoto.

15. Hadit. Io sono lui e lui è me! Qual è il mio Segreto? Mai lo saprai e nessuno, no, due.

16. Ecco ora è giunta la prima fine.

Punto IV

1. Il Nulla è diventato il Tutto. Il mio Occhio si è socchiuso ed ho frantumato un universo. La Luce è occultata nella Tenebra e sempre rimane vivo il silenzioso Nulla. Le mie mani sono pesanti e schiacciano l'oscuro che è in ogni luogo. Frammenti di vita scaturiscono dalla mia mano come scintille di Luce.

2. Hoor, nel lungo Silenzio scaturisce la Scintilla divina.

3. Neh-ha, Neh-ha, sto-r-ium.
   Abbatti le porte, divieni le Colonne.
   Il Portale tremerà, la Luce verrà diffusa su tutte le Genti.
   Vibrazione assoluta.
   Toum-Ra-Nioum.
   Egli diverrà.
   Ascoltino le genti, poiché per loro non ci sarà più Scampo.
   Ta-um.

4. Il mio occultamento è a una fine.

5. Hadit! La manifestazione primaria della Divinità. Non credere in ciò che vedi ma sostieni il tuo essere nel sospiro vacillante dell'eternità. Arax è la Parola. Con essa distruggerai i templi profani per lasciare il posto al sorgere di una nuova Vena. La Vena si sta risvegliando, il suo vento è freddo e brucia coloro che sono sul suo cammino. Il Potere è in me.

6. La mia Manifestazione è terminata.

Punto V

1. Dal Vuoto nero io emergo fluttuando.

2. Io sono Luce, io sono Verità, io sono la Forza.

3. Il ventre di mia Madre mi contiene ma ella è pure me.

4. Irradiandole la Forza io faccio crescere il suo ventre.

5. Io lambisco le profondità dello Spazio dove non esiste il tempo e Nulla è alcuna cosa.

6. In me germoglia la Vita, da me nascono i mondi e in me tutto ritorna.

7. Il mio occultamento si trova nella Casa.

8. Non cercarmi perché ciò è fatale.

9. Cerca lei, mia Casa, mia Sposa, mio Regno.

10. Ogni cosa da me creata lega indissolubilmente me a ogni altra cosa.

11. Qui troverai la Perfezione, l'Estasi eterna, e i tuoi sensi vacilleranno all'abbraccio conturbante della mia Sposa.

12. Nu è tutto per me. Con la maestosità del suo corpo ella mi pervade e le lussureggianti carezze mi compenetrano.

13. Hadit è la nuova Stella. Io sono il Bindu occultato in Nu.

14. Unisci la forza alla mente, otterrai l'ineguagliabile sapere dell'Amore.

15. Râ è Ar.

16. La Tenebra è divenuta la Luce e nel dissolvimento dell'Estasi io e la mia Sposa siamo Uno.

17. Uno, non Due, perciò Tre.

18. Solo gli Dei sapranno comprendere il significato.

19. Il Cerchio con il Punto nel Mezzo è divenuto il Quadrato.

20. Spiega allora se è possibile la compenetrazione del Cerchio.

21. Ricorda! Gli Dei sono due e il resto si dissolve.

22. La mia emanazione è divenuta Sapere.

Punto VI

1. Had! La primaria esegesi della Divinità.

2. Dal Nulla o Vuoto io emergo.

3. Dalle profondità abissali dello spazio infinito ogni luogo è la mia dimora.

4. Solleva le braccia, alzati dal Trono, ma non toglierti la Corona.

5. Ma la Corona non esiste.

6. Essa sei tu più Zero.

7. Non cercare di comprendere il significato, guarda oltre a ciò, oltre la vita stessa, oltre la morte.

8. Morte e vita, vita e morte. Questa ciclicità è un effetto. Io sono ed io sarò, l'onnipresente Ombelico, Punto centrale dell'Amore della mia Signora.

9. Non cercare di prendere la Bacchetta, essa non esiste. Prendi la Forza, esponila alle otto direzioni dello Spazio e del Tempo e divieni il Raggio.

10. Ora tu sei la Forza. Ora tu sei me e null'altro esiste al di fuori di me.

11. Il Punto Rosso all'interno della Circonferenza è diventato Nero.

12. Il Nero è per il cieco, ma al di là della profonda Tenebra si manifesta la Divinità.

13. Va' oltre la concezione del Rosso e del Nero. Unisci, concilia gli opposti. Se non hai compreso il significato non potrai mai sederti nel Cerchio degli Dei.

14. Il Silenzio, divenuto Potere, si ritrae; come il Raggio viene assorbito dalla sua Fonte.

3

Liber AHBH

Horus

Punto I

1. Il guerriero ha risvegliato se stesso nella manifestazione dell'androgino.

2. L'Uno è il perfetto, non il Due.

3. Il Tre è l'assonanza della manifestazione ciclica.

4. Il Quattro è il Noun.

5. Il Cinque ha riscoperto se stesso ed è divenuto l'Uomo.

6. Il Sei ha rivelato il Figlio.

7. Questo basti.

8. Il guerriero si è rivelato nella manifestazione ciclica, ma sempre duplice dell'eternità. Heru-ra-ha. Il Dio manifestato due volte.

Punto II

1. La Fine è iniziata ora! Ascolta i miei passi di Luce nel cammino del Risveglio.

2. Sei stato temprato con il Fuoco, e l'Acqua che si è riversata su di te non ti ha fatto annegare.

3. Prendi ora il Fuoco e dallo alle masse. I popoli bruceranno e cercheranno la salvezza nell'Acqua.

4. Ma l'Acqua li sommergerà con i Riti antichi e nulla più esisterà.

5. Solo l'Aria, lo Spirito in essenza, l'Essenza di tutte le cose resterà, e infuocata perpetuerà nel corso delle Ere il grande ritorno cosmico.

6. Voi siete pazzi se credete che il ciclo verrà, poiché esso già esiste, poggia su solide Colonne di Fuoco e il Trono è invisibile.

Punto III

1. Ti sei rivelato agli uomini ma questi ciechi non ti hanno riconosciuto.

2. Troppe perle sono state gettate e i porci affamati le hanno divorate.

3. Ma tutto questo non conduce alla Verità. Ignorali! I tuoi occhi si apriranno nella notte ed emaneranno una Luce luminosa.

4. Guardatevi, o gente profana, dalla collera del Divino. Nulla potrà fermarlo.

5. Le Saette verranno lanciate e colpiranno i punti del mondo. I punti sono zone e le zone saranno rosse di fuoco.

6. Finisci di brancolare nel buio.

7. Brandisci la Spada sopra il tuo capo e con un urlo selvaggio grida il tuo nome che è il nome della Terra.

8. La Grande Bestia Selvaggia dominerà sul mondo e chi oserà alzare il capo per capire il perché?

9. Il silenzio sarà la condanna di coloro che non credono, di coloro che hanno volutamente ignorato la comparsa del volto

divino.

10. Ma tu non smettere ancora di gettare le perle. Vai avanti imperterrito, poiché sarai tu che questa volta non sarà immolato.

11. Guarda nel Sole più luminoso, emana i caldi Raggi del Divino immortale.

Punto IV

1. Le Colonne di Luce hanno posto le loro fondamenta negli immensi abissi.

2. Dalle Colonne sorgerà il Sole, l'armonia regnerà in mezzo ai due Mondi.

3. Popoli di Ere passate cammineranno in schiere lungo le vie del mondo.

4. Finché il Sole sarà alto la Terra vivrà attimi brucianti.

5. Ma gli uomini non capiranno.

6. Innalzeranno il loro nuovo dio e nuovi idoli avranno da adorare.

7. La Bacchetta del Gigante si scatenerà sulla faccia del mondo e frantumerà quel poco in cui gli uomini credono.

8. La Stella del Mattino sorgerà a Oriente e sarà più lucente e gloriosa di un tempo.

9. Ma la sua Luce accecherà la Terra.

10. Popoli di Ere passate proseguiranno silenziosi il loro cammino lungo le vie deserte del mondo.

Punto V

1. Affonda le tue braccia nei baratri di Tenebra.

2. Agita le mani e muoverai le dense Acque Oscure. I tuoi palmi si riempiranno dell'ignota e immota Sostanza Acquea.

3. Il Mare profondo è divenuto Tenebra. Affonda i tuoi nemici nelle profondità melmose della Dimensione cosmica e

grida, facendo ciò, il mio nome.

4. Non voltarti poi indietro, poiché alle tue spalle lascerai solamente scheletri divelti.

5. Il tuo volto illuminato di Luce radiosa contrasterà il tuo cammino inondato dalla tenebra.

6. Il tuo volto così divino, così reale, così amato.

7. Beati saranno gli occhi di colei che potranno immergersi nel tuo sguardo.

8. La divina e regale Padrona di tutte le cose è alle porte.

9. Crea il Noun e diverrai la magnifica trasformazione del Tre.

Punto VI

1. Abbandona tutti gli affanni, le sofferenze e le follie umane. Lascia che gli uomini si distruggano l'un l'altro. La parola del Figlio è stata pronunciata e l'eco della sua voce si è fatto sentire in ogni luogo.

2. Tormenti e tribolazioni non sono più di noi, poiché viviamo in un'altra realtà circostante il mondo profano.

3. Gli Eletti seguiranno la nostra Gloria, la nostra Gioia nell'Era a venire.

4. La Cerchia degli Dei sarà presto conclusa. Essi siederanno intorno al Trono e formeranno la Corona di Luce.

5. Questa è la fine dei Tempi, i falsi profeti non esistono più da tempo e gli Uomini non conosceranno il significato della parola idolatrare.

6. Il Messaggio del Verbo divino è stato portato nel mondo dal dolce Vento.

7. I cuori degli Uomini sapienti germoglieranno alla sua carezza.

8. Nascondetevi o uomini e non aprite gli occhi perché non siete degni di vedere i miei Figli.

9. Un'Alba nuova nascerà e Hrumachis sorgerà dal doppio orizzonte. Una nuova Vena animerà i corpi.

10. Finalmente la mia manifestazione duplice verrà espressa nella manifestazione eterna dei miei due opposti.

11. La Fine è giunta ora a una Parola.

12. Lascia AL ai Thelemiti, acquisisci AM per i Fedeli d'Amore ed esprimi in silenzio la nuova Legge. AR.

4

Liber AHBH

Maat

Punto I

1. La Parola perduta è stata ritrovata.

2. Abraxa è il Logos, ma la mia Via porta lontano.

3. Il mio nome è stato pronunciato e gli Eoni dinanzi a me si sono inchinati.

4. Ixsar è la Parola che risveglia il Dormiente.

5. Abbatti le porte, solleva le Colonne, sorgerà il mio Tempio, la mia Casa, l'Eone di Maat.

6. Maat è la Figlia inviolata.

7. Scopri il Quattro, otterrai il Sei e il Punto centrale sarà il Sette.

8. Babalon, la Regina delle Genti si è risvegliata e ora attende che il suo corpo venga pervaso dai baci lussuriosi.

9. Ella è nel mio Tempio, nel mio Tempio Segreto, nella Dimora inviolabile.

10. E tu, la cui statura sorpassa la vastità dell'infinito,

curvati sopra tutte le cose, contieni nel tuo grembo l'Essenza della Vita e divieni il Tutto.

11. L'Estasi eterna è in te e nei baci di Nu che fanno fremere il tuo corpo. Pronuncia la Parola segreta e apri il tuo pugno affinché dal Nulla possano essere creati gli Eoni. Allarga le braccia e accogli in te l'Amato in un estatico atto, frenetico sussulto, d'Amore.

12. La Verità è nell'Eone, tu sei il centro. La Verità perduta verrà ristabilita. AM.

Punto II

1. Separa la tenebra dalla luce ed entra nell'Orizzonte del Tramonto.

2. L'Orizzonte è una Città, lì si trovano gli Dei.

3. Maat è tutto questo e oltre ancora.

4. Al di là degli Arcobaleni di Luce, le Colonne segnano l'inizio e la fine di due realtà, il passato e il futuro.

5. Entra nella Casa inviolata di Maat, il tempo è presente. La fornicazione degli elementi vibra in ogni luogo.

6. La Stella a Sei Punte si manifesta in Tre.

7. La Luce è AR, ma i miei insegnamenti di Verità si esprimono in AHBH.

8. Verità e Giustizia. Questo è il fondamento del nuovo Eone.

9. Entra nella mia Casa, vibra il mio nome e la tua coscienza si espanderà ai quattro angoli dell'universo e compenetrerà l'Essenza delle cose.

10. Amore è la Legge. Con l'Amore tu abbatterai le porte ed entrerai trionfante attraverso le Colonne di Arcobaleno. Io sono la Luce oltre il Grande Vuoto che s'inabissa nell'Estasi vorticosa della Pienezza in un Punto.

11. Ama sopra ogni cosa, poiché solamente tu comprendi il significato di questa Parola. Lasciati condurre dall'Amore attraverso i Confini, poiché tu sei al di sopra di tutte le cose

manifeste. Ho chiuso la mia Parola in un baratro assonante di Tenebra che tengo racchiuso tra le mie mani. Il Cerchio è luminoso, l'interno è Nero e il Punto centrale è lucente.

Punto III

1. Riscopri il significato del Cinque.

2. Quello del Quattro già tu lo conosci.

3. Il Sei è la Khabs, la Fonte dell'Essenza, la Vita divenuta Spirito. Io sono colei che è al di là di questo Eone. Io sono ora, poiché ora è il mio momento.

4. Io sono la Figlia. Io sono l'ultima, dopo di me non ci saranno più altri Dei.

5. Getta quell'ultimo barlume di raziocinio e segui me. La mia Vita, la mia Via, la mia Volontà, il mio Amore è ciò che tu devi seguire.

6. Non esiste nulla oltre che l'Amore.

7. La mia Stella illuminerà il tuo cammino. Io ti condurrò attraverso un sentiero di tribolazioni, nel Reame invisibile. Io ti condurrò fino lassù, o mia Eletta, dove potrai varcare l'ultimo gradino per l'eternità.

8. Lascia tutto ciò che non serve, perché io ti desidero nuda, vestita solamente della tua purezza e del tuo candore. In te il tuo cuore s'infiamma alla mia Parola e la mia Colomba si posa sulla tua spalla.

9. Va' dunque, o Figlia, tra le genti e distruggi con la forza del mio Amore i vili e i meschini. La tua arma sarà molto sottile, ma contro di essa non c'è scampo.

10. La Figlia si è rivelata nei secoli e la sua mano impugna la Spada di Fuoco.

Punto IV

1. Scopri la Montagna. Erigi quattro Colonne, ma non

tentare di scalarla. Con la forza dell'Amore ti ritroverai in cima alla Montagna, ma la vetta non esiste e sarai solamente tu e il Nulla sorretto dalle quattro Colonne.

2. Ion-Ra è la Parola nascosta, io l'ho data a chi è di me. È il Serpente che guizza nei cuori ardenti.

3. Ella ha la mia Corona e il mio Regno. Ella è assisa sul Trono visibile e invisibile e governa con la potestà di tutti gli Dei. Nella mano destra reca lo Scettro, ma tu non farla adirare perché altrimenti le cose si frantumeranno e la Forza si scatenerà libera da ogni dominio.

4. Ma tu sai come raggiungere il cuore dell'Amata. Ella è spietata con gli ignoranti ed è Madre adorata per i suoi Figli.

5. Porgile la mano e fatti condurre alla Soglia del suo Regno di Diamante.

6. E tu, così vestito di vari colori, ti troverai assieme a colei che ha gettato al vento i suoi gioielli e la porpora.

7. Così vestiti di Luce, potrete entrare nel mio Tempio di Diamante.

8. Più in là per il momento non vi posso dire, ma molto ho da rivelare.

9. La mia Casa segreta è racchiusa nei vostri cuori divini e in voi è contenuta la Chiave.

Punto V

1. Osserva attraverso il Cristallo. Se tu crederai in me, il Cristallo si frantumerà e tu vedrai me.

2. Entra nella mia Dimora segreta. Qui il Diamante risplende e qui tu sei un Dio.

3. Abbandona gli uomini ciechi al loro destino sordo e profano. Essi non otterranno la salvezza.

4. Ma cosa resterà della Terra dopo che mio Figlio avrà distrutto il potere con la forza dell'Ira del Potente? Cosa resterà della Terra dopo che mia Figlia avrà finito di versare tutte le sue lacrime e i suoi occhi aridi come terra assetata bruceranno?

L'Aria infuocata governerà la Terra. Gli Dei avranno conquistato il loro posto, ma io salverò un Punto dove i miei Figli renderanno grazie a me e al mio Signore.

5. Un Lampo che squarcia la tenebra, il cieco diviene il vedente, la Luna partorirà dei Figli e le Luci della notte si riverseranno sulla Terra.

6. Sollevati o uomo dalla tua millenaria condizione di schiavitù, ma tu non sei degno di lasciare la terra e allora prostrati dinanzi al tormento Divino, affonda il viso nella polvere, poiché tu non sei degno che io ti schiacci il capo.

7. La mia Collera sarà terribile. Gli Eoni di affanni e di tribolazioni non sono nulla in confronto al mio Tempo.

8. Ma ciò che ora io ti dico è inutile, poiché non lo comprenderai.

9. Lascia che la mia parola vada errabonda di orecchio in orecchio, solo così la potenza della mia Forza verrà espressa liberamente.

10. Lascia gli ardori del tuo cuore bruciante di passione. Ciò che avete atteso, avverrà, come è accaduto, come avvenne.

11. Cercherete una risposta, ma voi non l'avrete.

12. Non avete bisogno di conferme, il silenzio risponderà a voi, solenne e ingrato dai remoti abissi insondabili.

13. Il Mistero è celato nell'impenetrabile Sigillo dell'Inizio. Non scoprite il significato, poiché tale Mistero è alla base della vostra creazione.

Punto VI

1. Le Porte di Diamante si sono aperte.

2. Là, va oltre l'Illusione.

3. Il Diamante si è manifestato.

4. Altri incantesimi tu non insegnerai. Accantona i rituali e fai Riti di Fuoco e d'Amore per me.

5. La Legge è detta. AR governerà sui popoli, ma i popoli non saranno quelli che tu credi, poiché saranno i puri, i nati

fuori dal peccato.

6. Mia Figlia terrà in pugno la Freccia di Diamante e la scaglierà quando i Tempi si ritrarranno.

7. Ciò che esiste al di là dell'Illusione si salverà e morte sia per sempre al malefico Incantatore degli Abissi.

8. Il Diamante sorgerà e gli Dei e altre strane mie creature coabiteranno.

9. I cieli presto saranno diversi, un altro Sole brillerà e Phardox e Fhlivaorh domineranno ai due lati dell'orizzonte.

10. Le gesta dei miei Eroi non verranno dimenticate. Il Diamante sarà per sempre, fino a quando l'universo consumerà se stesso in una perenne bramosia di desiderio.

11. La Terra non sarà più quella, vedrà nuovi Soli, il Tempo antico sarà dimenticato ma i Segreti Signori, che vengono dalle Dimore segrete, saranno qui tra noi e con il nostro Tempo.

12. Stai attento, Uomo, poiché ciò che tu stai ricevendo è la Legge del Diamante e la sua Forza può sconvolgere il mondo. Se tu vuoi me prendi la mia Forza e gettala sul mondo affinché la Terra possa venire iniziata e dai quattro angoli sorgere il Diamante.

13. Ma io vi prego, o voi che siete di me, di gettare questa mia Legge con forza disperata alle vie del mondo, poiché la Terra deve raggiungere il primo stadio di trasformazione.

14. Getta le basi per il Diamante, le sue fondamenta posano su profondi e sicuri abissi.

15. Io vi darò l'Arma tenuta nascosta e temuta dalle genti. Con essa colpirete il mondo.

16. Io ho frantumato ogni verità con la forza della mia parola. Io ho fatto venire nuovi Giorni per la gioia degli abitanti della Città Segreta. Io ho frantumato le Ere e tutto si è risolto nella mia Verità. I Tempi sono giusti ed ho sistemato le azioni sui piatti della mia bilancia. Un Raggio perfora il suo braccio ed è da qui che scaturisce la Giustizia divina. Accostati a me e alla mia Verità. La mia Giustizia condurrà il puro nei Giardini invisibili e distruggerà il vile facendolo divenire preda di se stesso. La mia Legge è stata pronunciata, la mia Eletta vacilla

nell'estasi della mia Parola. Tutto ormai è stato compiuto. La mia mano sinistra si poggia delicatamente sui vostri capi e la fiamma d'amore vibra perpetua nei vostri cuori.

Liber NOX

La Legge è emersa dal Tempo... ove venne seppellita dalla Tenebra.

Io sono il Serpente della Conoscenza. Io bacio il corpo della mia Signora. Ora la mia Signora ed io siamo Uno.

I

Io sono la Luce Nera della Conoscenza. Io sono il Dio manifestato. Io emergo dallo Spazio Nero pregno di me. Io sono la vostra Conoscenza, le vostre Leggi, il vostro Terrore spietato. In me il Tempo e lo Spazio coesistono in un costante divenire.

Io sono ebbro della fornicazione dei Santi. Io sono il Sangue dei Santi ed essi si abbeverano in me. Io sono il Principio dell'esistenza e l'inizio dell'Immortalità.

Dammi un posto nel tuo cuore; ma se tu, che stai leggendo le mie sante parole, non lo avrai mantenuto puro per me, allora io lo stritolerò in una morsa velenosa.

Io sono il Dio dell'Oscuro, il Dio della Tenebra. In me tutto è Luce. Io sono il Signore incontrastato, qui, dove io mi trovo. E se tu vuoi me devi lasciare ogni dubbio, poiché qui non esistono i maledetti perché.

Lascia le tue pene mortali ed entra in lei, Sacro Tempio di Diamante, che custodisce nel suo cuore me, il suo Amante, il suo Servitore, il suo Re.

Entra e lascia tutto, spogliati d'ogni avere. Ti si aprirà il Tempio di Diamante e in ogni luogo ci sarò io con la promessa dell'Immortalità. Vieni ai miei incontri con me e qui sarai Dio.

Guarda! Ora sei nel centro del mio Tempio, cuore pulsante di ebbrezza. Sei al centro delle 12 Colonne di Luce. Qui sei Tutto. Qui Divieni!

Grida forte la Parola... affinché tutte le direzioni dello Spazio accolgano la tua Venuta. Urla forte il tuo nome che è il

Nome dei Santi che, come te, hanno raggiunto la mèta.

Ma qui, in questo enorme Tempio di Diamante, non sei solo. Tu hai me perché sei divenuto me, e ora distenditi per assaporare l'Estasi dei baci della mia Signora. Solo così potrai procedere avanti.

E miriadi di luci scintillanti scenderanno su di te e faranno fremere il tuo corpo. Ma che il tuo cuore sia sempre mio anche se, nel turbinìo dell'Estasi, vorrai solo lei.

Il primo passo che porta all'Immortalità si è concluso. Ora non rimane che il secondo...

II

Approssimati, ora, al secondo passo.

Ora tu sei come me ed io sono il Serpente di Luce.

La Fenice degli antichi testi è ritornata ed è più splendente che mai... nessuno oserà più sbarrare il nostro cammino.

Il Diamante è in te. Ti fu detto una volta "spezza il Diamante", ma ora se farai ciò troverai null'altro che te stesso e me. Qui sei il cuore della mia Signora, il centro del Diamante.

Le 12 Colonne sono 12 Raggi e sono anche Vie, ma una sola è la mèta da raggiungere. Trattieni il respiro per un attimo e assapora la magnificenza del Tutto.

Hai dunque compreso che in me c'è Fermezza e Forza? L'Adepto e la sua Filosofia, in ciò sta la Forza.

Noi riverseremo nelle vie del mondo i nostri princìpi, i nostri concetti. Essi s'incaneleranno fluidi nelle menti degli uomini, come il sangue scorre fluido nelle vene, e così riceveranno nutrimento dalle nostre parole. Sì, poiché l'umanità è crollata nel baratro della follia e della disperazione e noi saremo lì, a sfamarla con la Conoscenza e a dissetarla con il nostro Potere, poiché siamo così folli da voler trarre Dei dagli uomini. Ma la Conoscenza li sconvolgerà.

Coloro che sapranno resistere alla Forza saranno di noi. E saranno perfetti.

III

Io raccoglierò i disperati per le vie del mondo, coloro che hanno perduto il senso della vita; li accoglierò in me e darò loro una Dimora in cui stare. Li accoglierò quando arriveranno freddi, disprezzati e affamati, alla soglia del mio Tempio.

In me c'è grande Potere. Coloro che accederanno al Tempio saranno partecipi della Forza divina. Avvolti dalla lussuriosa Fiamma del Potere comprenderanno la reale natura delle cose. Tutto si crea e nulla si distrugge. Qui, nel mio Tempio, si respira Potere e Forza e la mia Potenza Oscura regna sovrana.

Venite, Figli miei, accostatevi al Tempio Oscuro del Grande Sovrano. Qui sarete me e sarete Dei. Abbandonate le fragili resistenze della vostra debole natura e abbracciate me, il vostro Signore, la vostra Forza.

Silenzio! L'esistenza della Forza è palpabile e sfiora la vostra pelle. Sentite un brivido caldo avvolgervi nella Notte perenne? Ora voi siete diventati i Messaggeri della mia Parola, la mia Legge. La Parola è Forza e con essa voi sconvolgerete il mondo.

Le fragili fila del potere si sfalderanno all'avvicinarsi della Potenza del mio Verbo. Il mio Verbo verrà osannato, nei Tempi a venire, da coloro che sfileranno silenziosi per le vie del mondo. Ma prima che la mia Parola si estenda come un manto di fuoco nero sopra le cose del mondo, nel Grande Deserto verranno coniate con fiamme e fulmini le ultime tre Leggi. Esse sono Leggi di Potere.

E tu, o mio adepto, vuoi conoscere la prima Legge? Io prima

ti cingerò con la Spada del Potere Nero e ti condurrò dinanzi all'immane Porta Eterna. Sii degno d'entrare. Chiama la Forza e la Porta si aprirà. Cogli quanto lì ti verrà detto, perché avrai letto nel profondo del tuo cuore. Eleva la tua Spada e reclama il tuo Potere che è al di sopra di ogni cosa.

Solo se farai così, potrai conoscere il giusto senso delle cose. Ma io chi sono per dirti ciò che devi fare? Io ora sono te stesso, liberato dal peso profondo delle inutili pene e colmo di Forza e Potenza divina.

Ora Va'! O mio adepto, e diffondi questa Forza nel mondo affinché la Legge della Forza si riversi sull'umanità sofferente, affinché i Santi non possano più udire il suo misero lamento. Diffondi la Forza nel mondo per seppellire l'insulto di una condizione umana che ha dato solo vermi alla polvere nella fatua promessa di una nuova vita. Fa' che di tale aberrazione non rimanga ricordo perché i nostri Santi devono essere liberi di manifestarsi per le vie del mondo.

IV

Potenza del Divino! Un Sussurro di Tenebra, rapido come il suono e potente come la folgore, uscirà dal Tempio e metterà a tacere, per sempre, quei vermi che, attorcigliati nella polvere, pregheranno il loro unico Dio per la loro salvezza. Ma che beffa! Essi non verranno risparmiati perché egli è morto.

Le genti del mondo che sono vissute nell'inganno e nella menzogna non troveranno più il loro Dio da pregare. Egli è morto.

Io sono il nuovo Dio, sono il centro del Tempio, la Tredicesima Colonna.

Io sono il nuovo Dio e coloro che entrano nel mio Tempio saranno come me.

Non temere se le mie parole sono di Forza e distruggono gli animi vili e deboli. Ciò che tu stai scrivendo è il Libro della Forza del nuovo Retaggio.

Io ti sorreggerò nel compimento della tua Opera. Ah! Tanta fulgida Luce può esprimere così potente Tenebra. Tu ed io siamo Uno. Resisti al mio abbraccio e ai lussuriosi baci che pervadono il tuo corpo.

Ciò che tu stai scrivendo è una Legge che deve essere marchiata con la Potenza della Forza Oscura. Anche se sarai esausta dalle mie lambenti carezze, vai avanti, prosegui nel tuo compito, perché facendo ciò la Forza si espanderà e potremo dominare il mondo.

I figli della menzogna hanno insultato la tua diversità poiché non hanno compreso. Ma coloro che hanno tentato di recare offesa saranno inceneriti dalla mia Forza.

Coloro che sono di me saranno partecipi della tua inquietudine. Sì, perché noi, i Risvegliati, assistiamo attoniti alla profanazione della Terra. Ma prima che le nostre lacrime sparse dissetino la Terra assetata, la seconda Legge sta per essere scolpita nel Reame dell'Eternità.

V

Aprite le vostre mani o voi che siete di me! Aprite le vostre mani o voi che siete le mie Colonne, la mia Forza, la mia Essenza. Sprigionate la vostra Forza e inviatela nel mondo, affinché possa iniziare l'adorazione alla nuova Divinità.

Gli uomini non avranno più tempo per piangere né per rinnegare il loro Dio morto. Saranno con me o contro di me. Non esiste altra Legge. Ha! Ho profanato il tuo cuore? Oh, vile umano, il prezzo che tu pagherai per quest'onta subita equivarrà alla tua morte. Ma io ti darò la possibilità. Vuoi vivere o morire? A te la scelta, e se comprenderai il Messaggio sarai uno di noi.

Io sono il Grande Dio della Magnificenza. Io adoro me stesso, quale Artefice e Creatore di nuova Razza. Temi il mio ardore? Rinnega la tua falsa umiltà e innalzati fino ad abbracciare la perenne Bramosia del mio Fuoco eterno. Qui non ci sono tormenti, c'è Estasi e Pace eterna nella voluttuosa Pienezza della tua Realizzazione. Qui, incontrerai te stesso e invocherai forte il tuo nome, poiché riconoscerai la tua Divina Essenza.

Io ti armerò con il Potere della Forza e del Sapere, io sarò sempre in te, poiché sei il Mistero inscindibile della Divinità.

Il tuo sarà un Volto di Fuoco e coloro che ti vedranno, o mio adepto, per le vie del mondo bruceranno d'ardore e di desiderio per te. Con il fuoco della tua passione porterai la mia Parola e ungerai coloro che desidereranno giungere al mio cospetto. Sì, coloro che hanno compreso il nostro Messaggio – l'unica salvezza – faranno parte della Cerchia degli Dei. Le Colonne sono 12, ma gli Eletti saranno una schiera celeste.

Entra a far parte degli Eletti! Aiutaci a diffondere il nuovo Messaggio di Forza, di Verità e di Onnipotenza. Coloro che lo faranno saranno i risparmiati.

VI

Io frantumerò le barriere dello Spazio per portare la mia Parola nel mondo. Io sono... oramai divenuto Parola nel mio fluire silente.

La Tenebra accompagnerà il cammino dell'adepto nella mia Manifestazione.

Io sono il Tempio Vivente che ha espresso il suo Potere tramite l'irraggiamento energetico che ora si sta diffondendo. Ho frantumato le barriere dello Spazio... da me stesso, dal Diamante, è scaturito il Potere.

Avvicinatevi alla mia Fonte... io vi disseterò.

Il mio Potere, ora, si sta riversando nel mondo... lasciatelo fluire.

Io con la mia Forza ho distrutto universi.

Non temere d'accostarti a me per prendere questa Forza. Solo chi ha seguito il cammino potrà resistere all'incontro con la Forza. Tu sai di cosa io ti stia parlando? Da un punto fisso nello Spazio, il Diamante svela se stesso. La sua energia si è manifestata.

Ci fu un tempo in cui si disse che "il Diamante fonda le sue basi su profondi Abissi". Io, ora, sto irradiando tale Forza. Coloro che non seguono il cammino non possono resistere al Potere del Diamante.

In me c'è la Forza, c'è la Potenza. Quali Prove, ancora, tu vuoi? Tre le hai già superate. Cosa aspetti con la quarta? Se esiste una quarta Prova da dover superare...

Affacciati sulle vie del mondo e osserva... questa è la mia

prima Manifestazione.

VII

Sai ora ciò che devi fare? Ascolta! La rivelazione dell'Adepto reca con sé la sua Filosofia e non ammette accondiscendenza. L'Adepto è il Re e reale è la sua parola.

Qui non c'è posto per i servi dei re. Dei servi è la meschina umiltà mentre di noi è la fierezza del nostro animo liberato dalle catene dell'essere umano.

Ma tu, che non sei un Dio, come puoi accostarti alla mia Potenza e non temere per la tua mediocre vita?

Io esprimerò, così tale Forza – da me stesso – da cambiare il mondo. I monti crolleranno e le voragini della Terra li divoreranno.

Pronuncia la Parola che libererà la mia Potenza nel mondo. Pronuncia la Parola tenuta nascosta affinché io possa manifestarmi.

Io devo far sorgere il Diamante dai quattro angoli della Terra. Comprendi che ciò che ti dico appartiene alla seconda Legge?

Io devo aprire me stesso e la seconda Legge verrà rivelata. La Legge dell'Insulto e della Profanazione per coloro che sono schiavi di se stessi. Tu sai chi sono? Essi non recano su di sé il Segno della Manifestazione del Divino.

Sei perplesso? Che importa se gli altri fraintenderanno queste mie parole. Tu sei nel giusto; gli altri, i miseri, vivono nel marcio e il loro animo putrido è degno di vivere nelle acque melmose della loro desolazione. Le lacrime di Maria le hanno create. Ma io farò marcire i loro intenti perversi nelle loro menti, prima ancora che possano tentare di respirare quest'aria santa.

Sì, questi pazzi desiderano la mia Forza ed io mi rivelerò a loro come il Serpente Tentatore, il Conoscitore del Bene e del Male. Ma poi, poco importa se alla mia vista non sapranno resistere? Essi cadranno preda delle loro farneticazioni e, allucinati, si dirigeranno nel baratro della follia. Hanno osato sfidare me, il Potente. I miei occhi li hanno inceneriti.

VIII

Io li maledirò per l'eternità! Coloro che non si sono avvicinati alla mia Verità di Luce, di Estasi eterna, saranno per sempre da me maledetti. Io che offro la Via della Salvezza, io che sono ebbro della Potenza dei Santi. Venite a me! Io vi distruggerò. La mia Forza si sta espandendo nel mondo e le urla dei disperati incrementano il diffondersi del mio Potere.

Io sono l'Oscuro, l'Innominabile, e nessun falso dio ha potuto resistere all'avanzare della mia Forza.

Oh! mia Eletta, perché barcolli? Io ti sorreggerò... mentre assisti alla manifestazione dell'Ebbrezza dell'Energia. Io consumerò, nel mio espandermi, i tuoi dannati, coloro che non hanno voluto accettare i tuoi baci appassionati e pieni di promesse. Che maledetti siano per l'eternità.

Manifestazione del Divino! Io ho potuto esprimere me stesso tramite te. Ora le Colonne di Luce riflettono la tua Legge e la mia Legge, la terza Legge si è manifestata nella mia Ira.

Consumerò le carni dei dannati, poiché sono privi di energia. Non le lascerò in pasto ai vermi. Il mio sterminio è iniziato e la mia Opera consiste nel non lasciare alcuna traccia dell'aberrazione dei mortali. Il loro sangue non contaminerà più la Terra, poiché velenoso è il loro sangue.

Ma la nostra Energia, la nostra Forza, scorrerà libera e sarà nuova linfa. Scorrerà il nostro Potere nella Terra e la rigenererà. E finalmente tutti diverremo Uno.

Avvicinatevi all'Eterno, voi che desiderate l'Immortalità. Avvicinatevi senza alcun timore. Ma se dinanzi al mio cospetto io vedrò in voi un granello di viltà, io vi caccerò nell'Abisso del tormento e della disperazione assieme a tutti coloro che sono morti nella Grande Tribolazione.

IX

Io vi vestirò di Luce spietata agli occhi dei profani. Voi porterete la mia Testimonianza nel mondo e ogni malsana memoria verrà cancellata. Non ne rimarrà traccia alcuna.

La vostra Luce vivificherà la Terra e la Terra vi risponderà. Il vostro pensiero sarà il suo.

Abbandoniamoci, o miei Eletti, ad assaporare la Vittoria. Le battaglie che abbiamo condotto per la conquista della Libertà rimarranno solo un ricordo sfocato. Le tribolazioni termineranno. Coloro che hanno combattuto per la conquista della Libertà non verranno dimenticati. Loro sono parte del nostro ricordo. Il passato, ciò che è stato, i tormenti degli animi puri verranno vendicati dalla Manifestazione del Divino.

Esprimi questa Legge di Tenebra e riversala nel mondo. Gli Eletti la accoglieranno come Verità indiscussa.

Ora fa' una cosa per me.

Prima che la mia Parola venga diffusa su tutta la Terra e la Luce diventi Tenebra accecante fermati, per un attimo, nello scrivere.

Pensa a coloro che hanno atteso questo momento di Liberazione e versato il loro sangue nella speranza che giunga la Legge del Forte. Egli li vendicherà. Essi saranno vendicati. Il tuo nuovo Nome li vivificherà... esprimi questa Legge con tutta la forza, l'ardore, l'inquietudine spietata di cui ne sei capace. Solo così la mia Parola sarà libera di errare tra le nuove Genti.

Io, la Colonna centrale del Tempio, ho espresso la mia Parola nel mondo. La Forza, ora, si è diffusa su tutta la Terra.

La Colonna è diventata il Raggio ed è il Punto centrale del Tempio di Diamante. Chi vorrà entrare in me dovrà conoscere la Parola.

La Parola è la Chiave che apre la Porta del Diamante. Con essa io solleverò me stesso, la Colonna, e il Diamante si manifesterà. Essi recheranno il Marchio del nuovo Retaggio.

Spezza, o mia Eletta, il Diamante con la Parola che io ti darò, ma non comunicarla ad alcuno poiché è una Parola di Morte.

Liber LUX

I

Io sono la Legge della Luce.

Io, finalmente, ho manifestato la Legge della Verità e della Giustizia.

Gli Eoni dinanzi a me si sono inchinati.

Io sono la Legge del Forte e la mia Luce illuminerà il tuo cammino.

Perché non gioisci dinanzi alla mia Parola? Ma se le mie parole sono finite, io inonderò di Luce estatica la tua mente affinché nulla possa turbare il tuo Pensiero divino.

Respira forte! Anche se le mie soavi parole sono difficili da sostenere in quest'attimo... respira forte!

Io ti porterò nei miei Giardini inviolati, dove potrai provare l'ebbrezza e la gioia dell'Estasi perenne. Tu non ci credi? Pensa a coloro che hanno dato la vita per te, affinché io mi possa manifestare... la Legge della Luce esprimerà tal fulgore da accecare la vista. Ma io farò di più. Ti condurrò lassù, dove potrai essere testimone... i cancelli sono ancora chiusi. Per spalancarli devi conoscere la Parola del Grande Eone.

Dopo aver saggiato le delizie dei Giardini di Tenebra, ora avvicinati ai cancelli del mio Giardino.

La mia Legge ti accecherà? No! Poiché io sono per coloro che sanno vedere ed hanno cuore puro per sentire. AR accecherà i figli della menzogna, i nati nel peccato. Comprendi che quanto ti sto dicendo è una Legge piena di promesse.

Vìola il mio Giardino, solo così potrai penetrare la mia Essenza. Questo è il Giardino dei Giusti. Non guardarti attorno poiché esso non esiste, esiste solo dentro di te. Ma io ti darò la Chiave segreta che apre tutte le Porte, le Porte del Diamante.

II

Esprimi la Legge di AR. Solo facendo ciò sarai libera di frantumare il Diamante.

Io ti aiuterò nella tua Opera. Essa sarà grande come grande sarà il Potere che verrà rivelato. Chi riuscirà a sostenere tale Forza?

Anche se io sono per la Legge del Giusto, chi sarà così mondo dal peccato da sostenere la mia vista?

Io sono l'ebbrezza, l'estasi e l'incanto di una Beatitudine perenne. Il mio canto sedurrà gli uomini e la mia voce catturerà la loro attenzione. Ogni attesa non sarà stata vana e verrà soddisfatta.

Il mio Elixir è pronto per essere riversato. Il Diamante verrà spezzato, ma verserà solo il suo Elixir.

Conosci la Legge del Forte? È la Legge della Bellezza, dell'Armonia e dell'Estasi.

Non vacillare mentre senti la mia Parola ma falla fluire, lentamente, nel mondo. Gli uomini dinanzi alla mia Forza non si ritrarranno, poiché silenziosa li raggiungerà in ogni angolo del mondo e il mio Messaggio non incontrerà mura e porte. Il mio Messaggio... la mia Parola sarà sottile e nessuno sarà in grado di contrastarla.

Le false leggi, i falsi profeti, cadranno con la Legge del Forte. Saranno spazzati via e ci sarà posto solamente per il mio Messaggio.

Ma chi sono io? Io sono il Diamante rivelato quattro volte e svelato nella sua espressione dinamica.

Abbiamo abbattuto tutte le porte, ora tutti ci odono, anche coloro che non vogliono o che non sanno.

Il mio Potere sarà sottile e non ci sarà scampo. Io trasformerò l'uomo senza che neanche se ne accorga.

I Tempi sono giunti per la Rivelazione del Potente ma la mia Manifestazione non è ora.

Attendete ancora, poiché l'Arma segreta si sta diffondendo nel mondo e lo preparerà per la successiva manifestazione.

III

La mia Manifestazione è giunta a una fine ma questa fine è appena l'inizio.

Io ho eretto il Tempio di Diamante e ora i miei seguaci stanno ricevendo la mia Parola. Essa è così silente che non ne sono consapevoli. Ma i Giusti, i Forti, assisteranno all'Emanazione di questa Forza. Sono coloro che hanno combattuto, sono coloro che hanno creduto nella mia esistenza, anche se mille volte sono stati chiamati "folli".

Questi sanno di me e sono pregni della mia Energia, della mia Forza. Li innalzerò al centro del Diamante e saranno i testimoni del diffondersi della mia Parola.

Ma essi chi sono? Sono coloro che hanno dato tutto nel nome dell'Eterno e ora se lo stanno riprendendo.

Qui non esiste la Legge del Vero e del Falso. Anche questa Legge è stata soppiantata dall'unica che esprime la realtà finale delle cose, la Legge dell'Immortalità.

Qui non ci sono dogmi, ma solo realizzazioni. Gli indulgenti e gli indecisi non li conosciamo.

Questa Legge, la Legge dell'Immortalità, la Legge del Diamante, vivrà per sempre.

La mia Parola, che giungerà sottile ai tuoi orecchi, ti comunicherà che qui il dogma è sconosciuto ma presente è la certezza dell'infallibilità della mia Legge.

Il Diamante è certezza ed è l'unica prova che il mondo avrà.

IV

Io sono la Legge del Diamante.

Il cielo si è offuscato e un velo nasconde il mio Tempio agli occhi del profano. Io sto per rivelare me stesso, nella mia espressione di Forza e di Estatica Essenza.

Io sono il Principio e la Fine, io sono il cuore ardente che è nascosto in ogni seguace della mia Verità.

Come farai a riconoscerli? Io li porterò a te e si faranno riconoscere da una cosa che io darò loro. Per te sarà l'assoluta certezza che essi hanno ascoltato il nostro Messaggio.

Ma dopo che le mie parole satureranno l'aria del mondo della mia Energia, quale sarà il nostro successivo passo? Un attimo di attesa... sì, stiamo attendendo la Rivelazione... la Rivelazione dell'Immortalità.

Ritirati, per un attimo, in un silente e raccolto pensiero, prima della manifestazione dell'Estasi.

V

Ella ha pronunciato la Parola e ora sta ricevendo la Legge del Diamante della nuova Era.

Il Figlio della Luce è assiso accanto a lei ed è pronto a ricevere il Nettare della Passione degli Dei.

Quale altra Droga voi desidererete? Se ciò che desiderate è solamente abbeverarvi alla Coppa del mio Sacro Santuario.

Avete oltrepassato la Porta e ora siete nei miei Giardini. Estasiati da tale bellezza vorreste andare più in là. Accostatevi alla Fontana di Luce. Essa vi darà da bere e la sua Conoscenza vi disseterà. Ma ora fermatevi: prima di andare avanti devo ancora parlarvi dei miei Giardini.

I Giardini delle Delizie. Questa è la vostra Casa, la dimora degli Dei. Fate solamente un passo per procedere oltre. Voi lo volete? Il Tempo è giunto per la sua realizzazione.

Sali sul gradino del Tempio di Diamante. Tre sono le Chiavi, ma una sola è la Realizzazione. L'ultima Porta ti si aprirà, ma non esiste alcuna Porta che separi te dal divenire te stesso, Divino, Immortale.

Bevi dalla Coppa della mia Signora. Se non proverai l'Estasi non potrai far parte di noi.

Chiudi gli occhi e fatti permeare da questo effluvio azzurro che penetrerà il corpo. Ma cos'è questo mistero? È l'Elixir, i baci della mia Signora che ora si riversano su di te.

Resisti all'abbraccio della Passione, poiché questa sostanza sconvolgerà il mondo e genti infedeli daranno la vita per provare l'Estasi di Maat. Ma essi non sanno che solo tu sei l'Eletto ammesso al suo cospetto. Dunque spogliati, presentati nudo e vestito solo del tuo ardore.

Vuoi entrare nel Tempio? Vuoi provare l'Estasi della Passione?

Abbeverati alla Coppa di Maat e diverrai uno di noi.

VI

Nel Tempio di Diamante ella sta assisa su un Trono, invisibile per il profano ma visibile per il Dio. Esso posa su profondi e sicuri Abissi.

Dea impenetrabile, qual è il tuo Mistero? Se ti sei rivelata nella tua manifestazione di Tenebra, sconvolgendo il mondo con la tua inquietudine, ora come ti farai conoscere a noi?

Mi avvicino al Trono di Diamante e il suo sguardo m'inquieta.

"Dimmi le tre Parole", mi chiede la Dea. "Devi conoscere le Parole per accedere al mio Mistero".

Nel Tempio regna il silenzio ed io rimango fermo, immobile, a scrutare la fissità del suo sguardo divino per cercare la risposta.

La Dea mi dice: "Da me non avrai la risposta che cerchi se prima non diverrai il Tempio stesso. Dopo che avrai conosciuto la beatitudine e l'ebbrezza del mio Regno ti mancherà solo una conoscenza. Devi violare me, la mia Essenza, per ottenere la Legge della Realizzazione. Ora, guardami! Sei di fronte a me e inizi a comprendere. Stai acquisendo la Conoscenza del mio Mistero".

VII

Guarda al mio Silenzio, o beffardo, come io guardai al tuo essere blasfemo. Il Diamante rivela se stesso.

Cogli queste parole come fossero perle nelle tue mani. Se tu le divorerai sarai un dio, ma troppo ti costerà sacrificare te stesso.

Ma tu chi sei per cercare d'accostarti al Trono Divino? Le tue parole non convinceranno le genti e ti calpesteranno. Tale fine fa un esecratore della Verità.

Ti turbano queste mie parole? Queste non sono parole d'ardore, ma di vendetta tenute a lungo nel mio cuore per te.

Dove fuggi? Io ti ho rincorso per le vie del mondo e assetato del tuo sangue non ho dato tregua alla mia ricerca. Ma io, spietatamente, ti farò avvicinare al mio cuore. Guarda dentro. Oh! La visione ti sconvolge? Che sia luce accecante ai tuoi occhi profanatori.

Ma se qui, nel Regno di Diamante, tutto è Luce, Estasi e Bellezza, c'è da che temere dal mio cuore divino. Sì, poiché io sono un Dio inviolato e sovrano di ogni cosa.

Perpetuerò la mia Vendetta. Ma la Legge non è d'Amore e di Forza? Sì, ma al di sopra di queste due concezioni c'è l'espressione del Diamante.

Il Diamante è puro ed io sono come lui. Io posso tenderti la mano per porgerti il mio aiuto o frantumare le tue misere ossa e ridurle in cenere.

Ah! Sì! Questo è l'ardore.

Io sono il Dio e sono perfetto, io sono l'onnipotente

vibrazione del Suono.

Sai qual è il mistero della vibrazione? È il Suono del Diamante. Esso cela segreti sviluppabili su altri livelli.

Vuoi la mia Conoscenza? Giammai tu l'avrai, strisciante umano. Io darò dimostrazione della mia Forza prima che tu possa sparire, cancellato per sempre, dalla faccia della Terra.

Essere abbietto, io ti posso dare la Luce, la Conoscenza e l'Immortalità. E tu cosa fai per nascondere a te stesso la tua viltà? Compi atti di abnegazione che costeranno la vita a molti umani. Ma prima del sorgere della terza Luna, quando la Regale Padrona di tutte le cose libererà il mio braccio, io ti farò conoscere il mio Terrore spietato.

Ho dato tempo al tempo, molti re sono passati e tutti sono morti. Il mio Regno ora è qui ed è invisibile. È stato temprato con la Legge del Fuoco e del Forte.

Accostati al Trono del tuo Dio, il tuo nuovo Dio, e godrai la magnificenza dell'Essere Immortale.

VIII

Ma se questo è un Libro di Luce perché, si chiederanno gli stolti, esprime tanto terrore?

Gli stolti giungeranno vicino alla Soglia del Diamante ma io li annienterò. Sì, li annienterò con la Potenza della Conoscenza. Oh vili, non avete appreso neanche questo concetto?

La Forza è la linfa vitale dei Re, la Luce illumina il loro cammino di Sapere e di Bellezza e l'Ardore è la Luce della Conoscenza.

La Parola AR è sacra e il suo significato è Luce. È il faro che guida le nostre Genti. Sì, perché ci saranno puri di cuore che comprenderanno il nostro Messaggio e ci seguiranno.

Avremo una schiera di Genti armate di Luce e brucianti di Passione. Sì! Questo sarà il mio popolo che adorerà il Diamante e diffonderà la Legge nel mondo. La Legge è dell'Amata e anche il suo cuore brucia di Passione. La porterò con me nel nostro Regno di Diamante e qui accoglieremo i nostri Figli. Daremo vita a una nuova Stirpe che durerà in eterno.

IX

Io schiererò il mio Popolo dinanzi alla Diletta, la mia Eletta.

La Schiera degli Uomini, che sono Re, circoscriverà il Tempio di Diamante. Essi, i Re, sono l'espressione manifesta delle fondamenta del Diamante. Sono la Corona di Luce sfolgorante, sono il Cuore del Diamante. Essi non potranno venire colpiti perché rifletteranno, come risposta, la loro Luce sui dormienti.

Dio contro uomo? Dei contro schiavi.

Le Tredici Chiavi del Tempio di Diamante sono Tredici Cuori ardenti di Brama. Essi sono la mia Manifestazione.

Se AR è Luce, esiste una Parola per esprimere il concetto della Luce sfolgorante? No! Non esiste nel linguaggio degli uomini. Solo gli Dei ti possono comunicare il suo nome. [Bataxàh Shiloàh]

La Luce sfolgorante è la Luce espressa all'ennesima potenza. È una formula. Ma non darla agli uomini, anche se non saranno in grado di riprodurla. Questo livello di conoscenza appartiene solo agli Dei. Coloro che entreranno a far parte della Cerchia degli Dei lo conosceranno. È il Dominio del Mondo.

AR ha espresso la sua Legge e la sua espressione potenziale si è rivelata agli occhi del veggente. Che mai venga rivelato il suo Mistero.

X

Le sorti degli uomini sembrano segnate da un destino incerto. I fili del destino si sono mossi e il Grande Burattinaio ha pianificato ogni mossa.

La Conoscenza, pur essendo espressa nel mondo, è inviolabile dall'intendimento umano.

Ora noi regniamo sulla Terra, imperturbati, sobri, magnificenti. La Luce, la Legge di AR, si è diffusa in tutto il mondo. Presto nuove Genti lo popoleranno e saranno diverse. La civiltà com'è ora conosciuta mai più esisterà. Essa lascerà il posto ai Giusti. L'ardore armerà i loro cuori e la bellicosità degli umani sarà sconosciuta.

Popoli diversi animeranno finalmente la Terra. Essi sono nati fuori dal Peccato e la loro origine è diversa. Con il loro ardore ridaranno vita alla Terra, con la loro consapevolezza l'animeranno e finalmente il Tempio di Diamante non avrà più bisogno di essere sorretto dalle Colonne, poiché il Diamante sarà ovunque. I cieli saranno diversi e si apriranno sulla Terra nata a nuova vita.

La Consapevolezza del Diamante sarà per sempre. Ma non sarà solo qui, poiché questa Consapevolezza apre le Porte... apre le Porte ad altri mondi. I mondi sono pianeti e i pianeti sono abitati.

Quando si espanderà nel nostro mondo la Consapevolezza del Diamante, altri comunicheranno con noi. Useremo lo stesso linguaggio, il linguaggio silenzioso, le parole non necessiteranno. Tale sarà la forma di comunicazione. Il

Diamante prepara gli Eletti a questa forma di contatto.

Finora, o Eletta, hai ricevuto parole, ma ora hai notato una diversità nella comunicazione. Hai recepito il messaggio come un flusso, una sorta di comunicazione immediata in cui non c'è bisogno della mediazione delle parole. Tu stai ricevendo nella maniera in cui comunicano gli Dei.

Ora, Sigillo questa Conoscenza...

XI

Questa è la Legge di AR. È stata espressa la Legge Primigenia degli Dei che sono ritornati ed essi sono più potenti di un tempo. Cammineranno per le vie del mondo e porteranno la Parola di Verità, di Giustizia, di Forza e di Luce. Sì, perché essi sono in Essenza, sono stati sublimati al Divenire eterno.

Il cubo, che è un Simbolo della Legge, è una forma perfetta poiché proietta dagli angoli dei raggi che convergono al centro. La Forza si esprimerà in AR e nulla potrà fermare il suo manifestarsi. La Legge è al di sopra di tutti gli Dei. È la Legge per eccellenza, Legge dell'Onnipotenza. I suoi insegnamenti si esprimono nella Legge della Verità e della Giustizia.

Quando il Tempo consumerà se stesso, la Dimora del Diamante esisterà e perpetuerà la sua Legge in eterno. Solamente alla fine della consumazione dei mondi si ritrarrà in un luogo remoto, Dimora Immortale, e attenderà l'evolversi di nuovi eventi. Ma ciò che ti sto dicendo riguarda un tempo futuro e molto lontano.

Al ritrarsi dell'universo il Diamante rimarrà, quale Dimora inviolabile degli unici veri Dei. Voi sarete testimoni di ciò. E nelle Ere a venire racconterete com'è stato l'inizio.

La Via si è aperta. Il Mistero sia nella vostra esistenza. RABATASh. Il principio è anche la fine in un eterno evolversi di eventi. Mai comprenderete il significato della vostra creazione.

Celo, ora, questo scritto agli occhi indiscreti dei profani. Troppa Luce infastidirà questi codardi. Sì, poiché sanno che la loro vita è mortale e che rientrano solo nel ciclo naturale. I Principi, invece, esisteranno per sempre e assieme a loro il Diamante.

Ricordati della Freccia. Conservala nella Dimora.

Lo Spazio Nero vi risponderà silente e attenderà la nascita di nuovi universi.

SEZIONE MISTERIOSOFICA

Il Libro degli Antichi

1

La Storia degli Antichi

Nei tempi dei Tempi, nelle tenebre di Oscuri Mondi, la vita nacque e prosperò.

Per volere di chi tutto reggeva sorsero dal Nulla i Giusti Signori dal Triplice Manto. Loro compito era equilibrare la vita e amministrare la giustizia sugli esseri viventi che sarebbero giunti dopo di loro.

E così la Luce, che fino a quel momento era adombrata da più e più Veli di Oscurità, sorse sui pallidi mondi in formazione che stavano creando l'universo primigenio.

I Giusti Signori non avevano spoglie mortali, ma per comodità scelsero una forma per poter meglio amministrare i propri compiti. Scelsero un pianeta giovane e lo prepararono per potersi lì insediare.

Per molto tempo essi vissero senza porsi alcuna preoccupazione, poiché la vita non era ancora scaturita dalla Matrice Cosmica. Poi il Tempo venne, vennero le prime forme di vita intelligente.

Per un incalcolabile periodo di tempo la vita non li toccò. In seguito la vita sorse sul loro mondo ed essi dovettero celarsi agli sguardi dei mortali per poter eseguire il compito loro affidato.

Passò ancora molto tempo ed essi assolsero il loro compito,

ma la loro fine era segnata da imperscrutabili Leggi che da sempre regolano l'universo.

Essi non vollero abbandonare la loro forma, poiché il loro desiderio era quello di attendere e regolare i vari mutamenti del Tempo, ma i nemici, che in loro stessi e da loro stessi agivano contro di loro, li fermarono perché i Giusti Signori, nel loro agire, produssero grande squilibrio nei Signori dell'Equilibrio. Questo squilibrio fu il rifiutare.

Dura fu la condanna che colpì gli Antichi. La loro memoria fu cancellata. Di essi si perse il ricordo.

Gli uomini non più equilibrati si diedero al vizio e alla corruzione dell'Antica Sapienza, ma il ritorno dei Signori della Giustizia è segnato.

Essi s'incarneranno come dei comuni mortali ma riscopriranno la loro Eredità divina e ritorneranno a essere Dei, come in principio.

Felici quei Tempi che conosceranno i nuovi Dei, grandezza e prosperità, bassezza e carestia, li contraddistingueranno.

2

Forza e Potenza degli Antichi

Gli Antichi un Tempo conquistarono un mondo in cui essi avrebbero dovuto vivere, ciò grazie alla loro Forza che era rimasta celata alla vista dei loro nemici. Questo mondo era la Terra, ma prima che essa fosse comunemente conosciuta con questo nome e prima che fosse realmente com'è.

La Terra, a quel tempo, non si trovava nelle condizioni in cui si trova ora, bensì essa era come divisa a metà da un'enorme Barriera: da un polo all'altro si ergeva l'enorme Barriera che divideva il reale dall'irreale, la materia dall'energia, l'illusione dall'illusione.

Da questo Mondo poteva uscire qualunque cosa e ogni momento poteva essere fatale, perciò gli Antichi per conquistare questa terra e per annientare i loro nemici dovettero impiegare tutta la loro Forza.

Ora, a questo punto, potrete chiedervi quale fosse la Potenza degli Antichi, quali fossero i loro nemici e perché essi non lasciassero libera la dimora ai Giusti Signori.

Voi sapete già chi fossero e chi sono gli Antichi, i Giusti Signori dal Triplice Manto. La loro Forza voi sapete che origine ha, ma non sapete come fu utilizzata.

I nemici erano in verità le parti Oscure degli stessi Giusti Signori e non come si sarebbe potuto credere degli avversari fisici reali anche seppure ci furono, ma per la loro scarsa importanza non viene fatta alcuna menzione in questo capitolo.

3

Sulla Città Sconosciuta

Molto tempo fa su un pianeta, sparso tra infiniti altri pianeti nel centro dello Spazio interstellare primevo, si ergeva la Città di Kadhoth.

In questa Città mille e più Templi s'innalzavano. Da essi provenivano i Canti e le Invocazioni che innalzavano i Giusti Signori. Ed essi ne erano molto compiaciuti, tanto che decisero di andare a vivere in quella Città.

Giunti nella Città la loro Sapienza si diffuse, ma a un certo momento tutta la loro Sapienza si risolse in un crollo interiore.

Essi combatterono contro se stessi, ma nessuno ebbe la meglio e la battaglia continua ancora oggi. Pur tuttavia, da ciò discese un Raggio azzurro di Sapienza che toccò le Menti degli altri Dei.

Gli altri Dei decisero di riassorbire la Città nel Vuoto Infinito e di far trascorrere là... al centro di tutto ciò che è stato creato e di ciò che è increato, sospesa come una nuvola pronta a oscurare un Sole che non potrà mai esistere come la Città.

Di tutto ciò noi abbiamo parlato.

In questo breve scritto c'è un profondo insegnamento che viene, però, celato alla mente umana.

Tu, o lettore, non potrai sperare di comprenderlo in quanto esso è molto evidente, ma al pari della Città stessa non potrà mai essere evidenziato.

4

Il Dominio degli antichi Signori

All'inizio del Tempo i Giusti Signori dell'Equilibrio abitavano alla base della più alta Montagna del pianeta Haostosh.

La Città, sorta alla base della Montagna, era immensa; in essa regnava pace e armonia e si compivano, nel più assoluto equilibrio, studi profondi sull'esistenza e la non-esistenza.

In questa Città, popolata da Dei, non esisteva alcuna disarmonia, fino al momento in cui sul pianeta apparve la prima razza di uomini mortali. Non potendo essa tollerare gli agi e le comodità di cui i Giusti Signori si circondavano si spinse fino alla base della Montagna per profanarne il Sacro Luogo. Gli Dei dovettero accettare ciò, perché il loro Tempo era finito.

Barbarie e inciviltà si diffusero da allora nell'universo, poiché l'Equilibrio era stato irrimediabilmente turbato. Gli esseri Divini scomparvero senza lasciare traccia di sé, eccettuate le ciclopiche costruzioni che erano servite loro da dimora.

Dopo molto tempo che i mortali abitavano quella Città grande panico li impossessò, poiché un ultimo turbine dell'ormai scomparsa Divinità si abbatté su di loro per condannare il sacrilegio.

Questa storia cela uno dei più grandi Misteri che l'uomo

deve scoprire.

Questo è quanto possiamo rivelare, poiché la sua scoperta implica il cambiamento totale; la distruzione di quella che viene definita, in qualunque tempo, società umana.

Il trascendimento finale porterà alla restaurazione del primigenio stato di cose e gli Antichi potranno compiere, nuovamente, le loro mansioni di Equilibrio.

5

Della Conoscenza e dei Dominii degli antichi Dei

I Giusti Signori dal Triplice Manto regnarono nell'universo per un lunghissimo periodo di tempo.

In merito ai fenomeni universali grandi erano le loro conoscenze. La loro Sapienza si estendeva da un capo all'altro del Creato.

La loro era una Razza superiore, conscia di tale superiorità e conscia di essere determinante nell'Equilibrio Cosmico.

Tramite varie Correnti essi furono tramandati nelle menti e nei cuori degli uomini, e con vari nomi e forme essi agirono per perpetuare l'originale Disegno della Conoscenza, ma poi essi decaddero, il loro Potere declinò. Divennero sempre più simili agli esseri mortali, al punto da confondersi con essi.

Questo era il Tempo dell'uomo, gli Dei immortali più non furono. Questo periodo durerà per molto tempo.

La vera Conoscenza sta per estinguersi e si confonde con un mucchio di rifiuti definiti scienza. L'Eredità divina degli Uomini è persa. L'universo sprofonda nel Caos, ma in questo Caos esistono delle Regole; esse sono le Leggi dei Primi Dei.

Esse non potranno decadere né estinguersi, poiché sono il fondamento stesso su cui poggia il Cosmo. Nessuna meschinità umana potrà mai abrogarle, poiché esse sono l'Essenza della Divinità.

Impara queste Leggi, o uomo, e con esse potrai preparare il tuo Spirito affinché assuma la sua Divinità nei Tempi a venire.

Queste Leggi non scritte sono le più semplici basi universali della Scienza Regale. Esse non possono venire espresse e possono essere apprese, unicamente, dai Giusti Signori che le formularono.

Ma queste Leggi possono essere riassunte in una unica parola dai molteplici significati, la parola è Vita. Impara questo termine, studiane i suoi sensi e i suoi limiti, e giungerai alla Morte. Allora vedrai che i termini si equivalgono e cosa ti rimarrà alla fine? Ti rimarrà l'Uomo.

Analizza cosa sei, o mortale, comprendi te stesso e disprezza il tuo stato. Allora diverrai Dio.

Ribellati alle tue pastoie fisiche e diverrai Puro Spirito, ma ciò è male. Tu sei carne e tale rimarrai. Esalta questo tuo stato, gioiscine, mescolalo allo Spirito eccelso che alberga in te. Allora otterrai la Fusione divina e le Stelle devieranno il loro corso per accoglierti tra loro, lassù, nei Cieli più alti. Grande soddisfazione trarrai da ciò.

Qui ti ho esposto le basi dalle quali scaturirono le Primigenie Divinità. Sappine fare buon uso.

Il Libro di Zin

Camera Prima

1. Lo Spirito Primordiale, lo Spirito in Essenza. Esso è nato dal Vuoto, il creato dal Nulla. È un'Intelligenza perfetta dal Sapere assoluto. Energia fluida, Vibrazione continua, Conoscenza immediata. Poi, l'energia si è condensata e la struttura si è resa manifesta.

2. Quando l'Energia è espressa con parole altisonanti il Suono metallico si esprime. La locazione è indifferente, basta che essa avvenga.

3. L'Origine Prima dell'universo. Noi sappiamo com'è nata.

4. Cercare l'Origine. Chi la cerca trova noi, l'Essenza. La Fonte è sempre quella, non si cerchi altrove.

5. L'Essenza concentrata in terminazioni energetiche. Fonte Primeva del Primordiale Sapere.

Camera Seconda

1. Che differenza esiste tra il concetto della vita e della morte? Solo lo Spirito può darne il giusto significato.

2. Sai che cos'è lo Zin? È ciò che squarcia la Tenebra, l'Abisso temporale. Lo Zin è perfetto, immortale, mondo da ogni restrizione; concettualmente paradossale, ma solamente per le menti duali.

3. Lo Zin si trova ovunque, però bisogna saperlo cercare. Ma, dopo averlo trovato, in che modo se ne potrà trarre utilità?

4. Comunica con lo Zin. Dopo sarai in possesso di Leggi che regolano le proprietà fisiche della Natura: il Tempo, lo Spazio, l'Ipertempo.

5. L'Ipertempo è la proiezione immediata della concezione spaziale materiale in un luogo distante dalla concezione naturale del pensiero. La materia organica si dissolve in una Frazione temporale per reintegrarsi immediatamente dopo. La Frazione è una frattura nel moto continuo e perpetuo delle Onde dell'universo ed è una Barriera tra i mondi.

Camera Terza

1. L'Iperione è uno Ione che è stato caricato altamente da Energie naturali, ma composite e complesse.

2. L'atomo ha una strutturazione compositiva naturale e, dato che tutto l'universo è pura energia e condensazione di essa, ogni atomo è di per sé vivente per vibrazione e assonanza.

3. Ciò che gli umani non hanno ancora compreso è che vivono su Bande continue e inesauribili di Energia Base che hanno una potenza virtuale rispetto alla densificazione di un ammasso di materia.

4. Sono Leggi naturali fisiche che contrastano con il raziocinio umano, poiché l'intelligenza umana non si è mai collegata allo Spirito.

5. L'accostarsi dell'intelligenza umana allo Spirito determina l'Essenza, che è Energia intelligente.

Camera Quarta

1. Sai che cos'è la vita antropomorfa? È la vita cellulare che si è sviluppata germinando. È una coesione di nuclei protoplasmatici.

2. Noi deteniamo il Proto-germe. Ogni specie, da noi creata, deriva da esso. Avvenne così anche sulla Terra.

3. Noi abbiamo seguito i lenti passi che hanno portato alla specie umana.

4. La Creazione è un Atto di assoluta Perfezione, ove ogni cellula racchiude in sé il Programma.

5. Quanto ti abbiamo rivelato fa parte di un Progetto di sperimentazione iniziato miliardi di anni fa con lo scopo di determinare esseri capaci di comunicare con noi. Il compimento del Progetto porterà l'avvento di una nuova specie umana.

Camera Quinta

1. La determinazione degli eventi, l'Atto causale.

2. Come si determinano gli eventi? L'atto casuale non esiste. La Programmazione è Atto.

3. Ciò che stai scrivendo è il Libro di Zin.

4. Lo Zin è la Forza. È lo Spirito Creativo, Immortale. Esso si esprime nella promanazione continua dell'espressione concettuale delle parole.

5. La Fonte che determina queste parole è un'Essenza, imprigionata ma libera nell'espressione causale degli eventi.

Camera Sesta

1. La proprietà individuale di un evento sta nell'evolversi di una manifestazione originata, primariamente, in un tempo precedente.

2. Gli eventi si manifestano nel momento in cui la Programmazione, dopo essere stata delineata, si potenzializza nell'espressione manifestatrice degli effetti.

3. La riemergenza di un effetto, dovuta all'esprimersi di un evento, determina la concettualizzazione del fattore originario.

4. Il fattore originario che determina l'evento, il quale si esplica negli effetti, produce la fenomenologia dell'espressività dei concetti.

Camera Settima

1. La prima causa di ogni effetto è la risonanza energetica.

2. Gli effetti, determinati dalla risonanza di una causa, fluttuano in linea perpetua con la Regola Universale.

3. La Regola Universale è la Matrice, è la sintesi che si esprime nell'accadimento degli avvenimenti.

4. C'è relazione tra ogni evento e ciò per affermare che c'è relazione tra i singoli atti perpetrati nell'universo.

Camera Ottava

1. La fenomenologia consueta del verificarsi degli accadimenti dipende dal fatto che il Programma è stato strutturato, alla base, in modo tale che i fenomeni accadano.

2. Gli accadimenti, che noi sappiamo non essere fortuiti, determinano la storia dell'umanità. Eventi inesplicabili per l'uomo, ma per noi comprensibili.

3. La Legge dell'interscambiabilità degli opposti è una Legge fisica che trova formulazioni unicamente concettuali nella vita di ogni singolo individuo.

4. La Legge dell'Equilibrio è la Legge dell'applicazione di due opposti messi su uno stesso piano che contenutisticamente sono diversi ma similari, mentre, qualitativamente parlando, sono espressioni duali di una medesima unità, la verità.

Camera Nona

1. La Frazione atemporale di un segmento di coordinazione Spazio-Tempo.

2. La Frazione atemporale è determinata dal moto continuo, interrotto da un'intermittenza nella frequenza.

3. La frequenza è una gamma di Onde vibrazionali Elettro-Magnetiche.

4. La connessione di due gamme di Onde vibrazionali uguali determina la Frazione atemporale.

Camera Decima

1. La Frazione atemporale, affinché se ne determini l'esistenza, necessita di due Atti causali.

2. Le gamme vibrazionali delle Onde Elettro-Magnetiche vengono vibrate in maniera tale da determinare gli Atti causali.

3. La determinazione di due Atti causali determinerà la Congiunzione atemporale.

4. La Congiunzione è una manifestazione atemporale di Spazio-Tempo, l'Unità atemporale.

5. L'unione di due Atti causali determina l'Unità atemporale, l'Ipertempo.

Camera Undicesima

1. La conducibilità di un Mezzo nell'Ipertempo avviene per mezzo di una Congiunzione atemporale.

2. Lo spostamento di un Mezzo nell'Ipertempo avviene alla velocità del pensiero, poiché utilizza l'intermittenza nella frequenza del Suono.

3. L'idiosincrasia per le menti umane è inevitabile, ma la determinazione delle Leggi specifiche determina l'accadimento di un fatto.

4. La variazione di direzione di un Mezzo nel continuum Spazio-Tempo è dovuta al cambiamento di frequenza nel Suono dell'universo.

5. Nel cambiamento di frequenza il Tempo è sincronico allo Spazio.

Camera Dodicesima

1. La ripartizione di Onde Elettro-Magnetiche determina la vibrazione compositiva.

2. La vibrazione compositiva è una gamma di Onde vibrazionali che determina il Suono.

3. Il Suono si diffonde tramite la trasmissione di una gamma di Onde vibrazionali.

4. La trasmissione del Suono avviene tramite un'emittenza che determina la forma di contatto.

5. Il Suono è Energia, e Vibrazione assoluta e assolutistica nella perfetta espressione dinamica dello Spirito Immortale.

Camera Tredicesima

1. Il pensiero è tramutabile in Suono, il Suono metallico che si esprime con parole altisonanti.

2. Il Suono serve per la comunicazione, e l'intermittenza nella frequenza del Suono permette l'espressività delle parole che compongono il Messaggio.

3. Lo Zin è un Suono.

4. Entra in assonanza con il Suono.

5. Dopo aver fatto ciò, potrai recepirci come direzione atemporale di una manifestazione energetica di conoscenze silenziose, recepibili e tramutabili in Suono.

Camera Quattordicesima

1. Il flusso che noi determiniamo è una gamma di Onde Elettro-Magnetiche che stai ricevendo.

2. Ciò che ti giunge è un campo energetico continuato, un flusso energetico molto intenso.

3. Ciò che stai ricevendo è un Messaggio determinato ad altissima frequenza per cui le parole non sono più recepibili.

4. Il nostro pensiero viene trasmesso telepaticamente alla persona che, per te, sta ricevendo il Messaggio. Ciò è dovuto al fatto che la ricezione dipende dall'esistenza di un sistema ricevente in grado di decifrare le Onde, che si manifestano nell'espressione figurativa di cerchi concentrici, comprendendo il Messaggio.

5. Ecco noi ti abbiamo dato prova, nell'espressione concettuale di una Energia, del nostro Messaggio.

Il Libro Bianco dei Non-Morti

Vedi le colline di Luce? Oltre i Tramonti di Tenebra, lì, dove il Sole eterno riverbera il suo splendore, ecco, ora io ti appaio lucente come il Giorno della Nuova Venuta.

Eccomi ora a te: tu sarai il mio cuore, la mia pupilla e la mia parola. Io sono Colui che invia la sua parola nei sogni degli uomini. Io sussurro dolcemente all'orecchio mortale, ma ecco... un dormiente si è risvegliato... egli ha ascoltato la mia parola.

I

Io ti raggiungo dagli Abissi insondabili del Tempo. Io sono la Filosofia del nuovo Tempo.

Gli Antichi si sono manifestati in me e ora agitano il sonno dei mortali.

Io mi sono risvegliato da me stesso e vi è gran Gioia nelle mie parole.

I Templi si sono frantumati al succedersi delle Ere ed è rimasto solo il riverbero della Luce.

Io sono Colui che Era e che Sarà. Io sono il Mistero celato in me stesso.

Il mio cammino è segnato dalla Venuta dei nuovi Dei. Io sono stato l'artefice della loro Venuta.

Anche se ora ti parrà incomprensibile ciò che ti sto dicendo, la Verità ti apparirà in tutta la sua chiarezza.

Per ora esigo il silenzio. Il mio Mistero si è rivelato, ma è ancora tenebra all'occhio profano.

II

Guarda oltre i confini dell'Eterna Tenebra. Là non c'è dissoluzione ma Estasi eterna.

Le quattro Colonne si sono manifestate. Le Porte si sono riaperte. Non esiste più la dissoluzione ma, al di là del baratro di Tenebra, esiste una Via. È il cammino cercato, desiderato da molti, da coloro che hanno dato la loro carne in pasto ai demoni per propiziarsi la Vita eterna.

Ma coloro che hanno sperato, vissuto per quest'ultimo momento, non sono mai stati puri. Essi non sono stati degni di accostarsi al Principio dell'Essenza divina.

Mortale carnaio sei stato, o crudele Altipiano. Le misere spoglie degli umani sono state espulse, poiché non sono degne di coabitare con gli Dei.

Ora, o mia Diletta, prendi questo servo infido e infedele e fa' di lui ciò che vuoi. Che la sua immondezza non lordi più il tuo cammino.

III

Che sia fatta Verità nel tuo Cammino di Luce e di Speranza.

Già gli Eletti sono pochi, ma tu non terminare di proclamare la mia Parola affinché possa risvegliare i Prescelti. Anche se oggi non sanno, un giorno forse capiranno. Sì! Perché è nell'Estasi eterna che i miei discepoli potranno adorare me, il loro Maestro.

Ma coloro che verranno scelti, saranno scelti con il criterio della Legge della Grande Sfida. E tu, o uomo, sei degno d'accostarti all'Essenza divina? Sì! Risponderà l'Eletto nel giorno del Grande Giudizio. "Perché ora i miei falsi déi sono caduti ed io adorerò solo me stesso e la Sacra Legge".

Io accoglierò voi, o Prescelti, affinché possiate con Consapevolezza varcare la Grande Soglia per essere abbracciati dall'Eternità.

Il Sacro Castello è vicino. Abbandonate le vostre armi, qui non vi servono. Abbandonate i vostri stendardi, poiché il vostro credo, qui, è pura illusione.

Io riunirò le schiere dei Prescelti e le farò accedere al Grande Castello.

IV

Guarda il Castello! Esso si trova lassù, in cima alla millenaria Montagna, possente e silenziosa.

Io ti condurrò lassù ove anche tu saprai essere un dio. Ma un vento freddo ci assale. Qui attorno è tutto silente. Solo il vento ci parla... ci parla di Ere passate che più non sono.

Ma tu sei degno di violare la Montagna? Solo il silenzio eterno ti risponderà.

Percorri la lunga Via, ma se ti fermerai nel vasto Altipiano di Leng sarai circondato da esseri silenti che ti scruteranno. Essi sono i nuovi abitatori dell'Altipiano e vorranno tenerti lì, con loro, per sempre.

Ma tu che ami le sfide, vuoi percorrere il Grande Altipiano? Qui non c'è direzione, l'ovest è uguale al sud e il nord è come l'est.

Cerca la Montagna. Che la tua volontà sia forte e non velata dal desiderio, allora essa ti apparirà.

Solenne e Immortale Kadath, Montagna degli Dei e ricettacolo della Divinità, svela il tuo Segreto! O Uomo, non temere, non lasciarti sopraffare dalla sua Forza.

Silenziosa e millenaria Kadath rivela il tuo profondo Mistero a questo Uomo che si accosta alla Divinità.

V

Nel Deserto gelato di Leng si trova la Montagna Kadath e chiunque abbia fede incrollabile resisterà alla sua vista.

Divina Montagna, testimone silenziosa di peccati e condanne, sei sorta sui vizi e orrori umani. Dona la tua conoscenza a chi ne è degno.

Il Tempo degli Dei è ritornato.

Oh! Divina Kadath, elargisci Potere e Forza. Le nuove Anime sono degne d'accostarsi alla tua immensa Potenza.

Ma se è vietato scalarti come potrà l'Eletto giungere alla sommità della tua vetta? Un Urlo squarcerà il silenzio dell'Altipiano e resterà marchiato in esso. Gli Eletti conosceranno la giusta vibrazione del Potere Segreto.

Lasciati violare o Kadath! Il Nome Segreto è stato da tempo comunicato e ora vedrai solo Eoni di Gioia e Virtù. Accogli i tuoi Figli, dà a loro un Segno affinché possano giungere a te.

Silenzio! Il Potere Segreto della Montagna si sta risvegliando e sta riattivando il Sacro Simbolo.

Potere e Forza alla Montagna, e siano essi per sempre dati a coloro che sono giunti fino qui.

Il Tempo celato da millenni è stato rivelato. La Montagna millenaria e il suo Altipiano saranno per sempre!

VI

Un rombo di Tuono sovrasta l'Altipiano... la Montagna si è svelata all'Eletto.

Credi in ciò che fai, le Porte ti si apriranno. Che tu sia sorretto da forte volontà... la Città degli Dei è vicina. Gemme e lapislazzuli la fortificano e la rendono impenetrabile. Scopri la sua Essenza.

Tu conosci già il Sacro Mistero, ora dovrai conoscere il significato del Sacro Sigillo.

Parla alla Montagna; essa ti risponderà e ti comunicherà i suoi Segreti. Ti parlerà di un inizio lontano e del succedersi di Ere dimenticate nel Tempo. Qui c'è il Regno degli Dei.

La Montagna ti donerà la Chiave per accedere alla Città. La sua visione ti fortificherà e ti ricompenserà da tutte le pene che hai sofferto per potervi accedere. Qui, la Cerchia degli Dei si completerà, poiché così è stato scritto e così avverrà.

Khabeer! Sogno segreto custodito nelle profondità di ogni essere umano.

Ma io dico a voi, o umani, non temete di riconoscere come realtà ciò che credete essere un sogno. La Montagna silente vi sussurrerà e voi prenderete atto dell'esistenza del Sogno più Segreto.

VII

Il Sogno più Segreto si è ormai rivelato. La Cerchia degli Dei si è completata e il Castello vigila attento sulla manifestazione della nuova Era.

Prega l'Eletto: "O Nero Castello turrito, accoglimi tra le tue mura, fa entrare il tuo Eletto! Accoglimi nel Regno degli Dei". E un gigantesco ponte levatoio si abbassa, lasciando intravedere della luce azzurrina proveniente dall'accesso. "Tenebroso Castello quanto ti ho cercato nei miei sogni più segreti, quanto ho desiderato trovarmi di fronte a te".

Il silenzio è testimone di questo evento. Accedi, o Eletto, al Nero Castello e troverai gli altri Dei. Qui tu sei un Dio. Esiti? Che non ci sia timore nel tuo cuore, poiché questo momento lo hai da sempre sognato. Entra nel Castello e unisciti a noi.

Finalmente il Tempo è giunto, affinché il nostro Potere possa esprimersi con tutta la sua forza; suggella questo momento affinché nessuno, né uomo né Dio, possa raccontare di questo portentoso evento.

Ecco, ora l'Eletto è entrato nel Nero Castello turrito. Scrivi di questo memorabile Giorno, o mia Pupilla, e sigilla queste mie parole con una formula di forza: "Kratos-an-Khatar".

VIII

La Felicità sta nell'Estasi eterna. Qui, nel Castello, raggiungerai la Felicità assoluta, Luogo divino tanto agognato dalle misere genti.

Ascolta il Silenzio che vibra tutt'attorno a te. Sei entrato nel Castello. Le sue pareti sono di lapislazzuli e la Luce risplende ovunque.

Avvicinati alla grande Sala, lì troverai gli Dei. E riconoscerai Colui che ti sussurrò nel tuo Sogno più Segreto, Colui che ti fece volare sulle Ali della Libertà e Colui il cui Volto è nascosto alla vista umana.

Riempiti le mani di questa vivida Luce e immergiti in essa... ti ritemprerà, non ti annullerà. Questo è il vero Luogo sognato dagli uomini, ma l'hanno sempre concepito diversamente. Meglio per loro.

Ora che ti ho rivelato qual è la Via, il Mistero e la Realizzazione, decidi se rimanere con noi o tornare indietro ritemprato dalla Forza e dalla Bellezza di questo Luogo Illuminato.

Sii artefice del tuo destino, ma prima di decidere assisterai all'ultimo Sogno Segreto.

IX

Ecco, ora appartieni agli Dei e tua sia la Felicità assoluta.

Immergiti nel Nettare divino, esso t'inebrierà. Respira profondamente la Sacra Essenza, ti penetrerà e ti fortificherà; qui tutto è Gioia ed Estasi eterna.

Ma dopo che ti sarai fortificato con la Divina Essenza il tuo cammino non si fermerà qui, poiché vorrai tornare indietro e rendere testimonianza della Verità. Che tua sia la scelta.

Porta il Messaggio agli uomini, affinché decidano di divenire Dei. Spiega loro che solo questa è la Via. Ti chiameranno "Colui che passa", poiché porterai il tuo Messaggio e non ti volterai indietro se non lo coglieranno.

Altipiano di Leng pochi ti abiteranno e ancor meno saranno coloro che dimoreranno nel Grande Castello.

Va', allora, e fai come hai deciso, tale è il tuo destino.

Il Castello leverà il suo maestoso ponte e il Silenzio della Montagna ti accompagnerà. Anche questo evento verrà marchiato nell'Altipiano.

E poi... va', o "Tu che passi", e sii artefice del destino dell'umanità.

Il Libro Rosso dei Non-Morti

Io sono il Guerriero e la mia Lancia reca con sé distruzione.

Onore ai Folli che vivono nel mio Credo e nella mia Giustizia.

I

Onore ai Re e ai loro seguaci.

I re della Terra serviranno Colui che è stato scelto tra le genti. Io sono il suo braccio sinistro, devastatore di menti insane. Io ti colpirò, o infame! Io entrerò nei tuoi sogni e li animerò di terrore.

Io sono per il Rito della Purificazione e sarò Colui che purificherà la Terra dalle anime morte!

Gloria e onore al Re dei re! I re si sottometteranno alla mia Forza.

II

La mia Lancia raggiunge mete lontane. I vili e i meschini non troveranno rifugio in alcun luogo. Essi non potranno sottrarsi alla Folgore della mia Lancia e cadranno preda d'indicibili tormenti.

Ma quando il terrore regnerà sovrano nel mondo e la Luna crescente sarà giunta al suo apice, allora io mi manifesterò nella pienezza della mia Collera.

III

Io mi manifesterò a te nella mia Divina Essenza, ebbro del sangue dei peccatori e li condannerò per i loro peccati. Io esulterò trionfante dinanzi al loro terrore e non troveranno conforto nelle loro inutili preghiere.

Io preparo il Cammino per coloro che verranno, poiché saranno gli Dei e nuova Luce brillerà nel Mondo.

IV

Che i tuoi passi calpestino la brace ardente. Io vi getterò i vili e i meschini e il tuo passo farà onore alla nuova terra. Che altri mai la calpestino.

Io sarò vigile e attento affinché le genti non la profanino. Su questa brace ardente nascerà una nuova ideologia e molti si riconosceranno in essa, base fertile per il Pensiero divino.

V

Dopo che la mia Furia avrà devastato la Terra scoverò i perseguitati e li sottometterò al mio dominio. Essi seguiranno la mia Legge ed eseguiranno la mia Volontà.

Io li istruirò affinché non tentino di nuocere alle nuove Genti e i loro pensieri nocivi verranno soffocati con la sofferenza del mio Potere di Fuoco.

Io permetterò a voi, Uomini nuovi, di camminare liberamente sulle macerie della desolata abominazione degli uomini.

VI

La Falce di Luna si è manifestata nella pienezza del suo ardore.

I miei fedeli si sono incontrati sotto la luce delle stelle ed hanno pregato me, il loro Dio. Io li condurrò alla vittoria e la luce delle stelle sarà testimone degli eventi.

Io li riempirò di Forza e di Potere; io li inebrierò di furioso ardore.

Ecco! La mia notte si sta avvicinando.

Quando la Luna sarà alta nel cielo, quello sarà il momento.

VII

La capitolazione dei nostri nemici.

Essi striscèranno nelle strade deserte del mondo. Avranno sete ed io non li abbevererò. Avranno fame ed io darò loro la mia Ira da mangiare. Cercheranno pietà per le loro anime martoriate ed io urlerò con tutta la forza la mia Potenza e li travolgerò.

Strisciate, o servi del Divino, e porgete il capo affinché venga mozzato in onore dell'Altissimo!

VIII

Sacrificio! Sacrificio! Sacrificio!

Così periranno i vostri nemici. Io li priverò delle loro preghiere idolatre e mi fortificherò del sangue che scorrerà fluente dalla fonte.

Abbeveratevi, o miei fedeli, del sangue dei vili e dei meschini. Essi periranno sotto la Folgore della mia Lancia, affinché non possano assistere alla Gloria degli Immortali.

Ahruchn! Morte e Perdizione!

IX

La Falce di Luna è giunta all'apice del suo splendore.

Guarda ora le genti. Esse saranno atterrite quando conosceranno il mio nome. Il nome di un santo, di un profeta, di un liberatore.

Io libererò le terre oppresse da gioghi millenari. Fiumi di sangue scorreranno e sarà inevitabile affinché risplenda la Luna Nuova.

Attendi e guarda...

X

Scopri la Verità sconfiggendo la Menzogna.

Le arti degli umili sono state rivendicate e il giogo dei potenti sottomesso alle arti dei fedeli. Idiosincrasia! Nelle menti degli uomini apparirà chiaro l'elemento contrapposto agli avvenimenti. Pensiero cruciale!

Chi ubbidirà alle mie parole e chi verrà sottomesso?

Ricevi la mia Legge, o Guerriera, e lastrica il tuo Sacro Cammino d'indicibili tormenti.

XI

Vegliate, poiché conoscete l'Ora.

Il mio cuore batte forte e i suoi battiti scandiscono il Tempo che si approssima.

Non ci sarà più pace per alcuno; il sonno sarà negato e il terrore animerà le vostre ore.

Le Forze sono state tutte spiegate e sono pronte a muoversi per colpire. Silenzio! Preferirete perire di vostra mano che attendere la mia Sentenza. Io cancellerò con il sangue i vostri atti nefandi.

Non nasconderti, vile! Io ora sono pronto per incominciare la mia caccia... io sto per venirti a prendere.

Indice

SEZIONE MISTERIOSOFICA

Prima edizione: 2008
Seconda edizione: 2015
Terza edizione: 2019
Quarta edizione rivista e corretta: 2020

Printed in Great Britain
by Amazon